Jürgen Bruhn

Raubzug der Manager

Gegen einen Kapitalismus ohne Arbeit

Jürgen Bruhn

Raubzug der Manager

Gegen einen Kapitalismus ohne Arbeit

Aufbau-Verlag

ISBN 3-351-02467-3

1. Auflage 1998

Einbandgestaltung Henkel/Lemme
Druck und Binden Clausen & Bosse, Leck
Printed in Germany

Inhalt

Einleitung

Die Manager – für die meisten ein diffuser Begriff, eine Bezeichnung für »die da oben« in den Chefetagen, deren unergründliche Ratschläge unvermeidliche Begleiterscheinungen des modernen Wirtschaftslebens sind. Doch nicht das moderne Wirtschaftssystem schuf die Manager, sondern die Manager »erfanden« das moderne Wirtschaftssystem. Von einem gänzlich anderen Bereich aus, dem Militär, von dem sie Arbeitsorganisation und Arbeitsteilung abkupferten, sind sie über die von ihnen selbst angezettelte und verwirklichte Trennung von Eigentum und Kontrolle, von Planung und ausführender Arbeit zu Herrschern über das Wirtschaftsleben aufgestiegen. Heute kontrollieren die Manager die Wirtschaft total, da sie gleichzeitig – schon durch ihr Insiderwissen – selbst als Mehrheitsaktionäre fungieren.

Sie haben in den Unternehmen durch raffinierte Verfahrensweisen die alten Kapitaleigner entmachtet, Belegschaften vom Mitbestimmen in den entscheidungsbefugten Unternehmensvorständen ausgeschlossen und dann durch Depotstimmrecht, Aktienoptionen, Shareholder Value etc. ihre Herrschaft ausgebaut. Zudem bestimmen sie mit ihrer High-Tech-Angebotswirtschaft und dem von ihnen in der Folge angetriebenen globalen »Turbokapitalismus« (den Terminus prägte Edward Luttwak) längst auch die meisten anderen Lebensbereiche.

Versuche, etwas gegen die Allmacht der Manager zu tun, wie sie der ehemalige US-Präsident Franklin D. Roosevelt, der britische Ökonom John Maynard Keynes, die sogenannten Technokraten in den USA und andere bereits in den dreißiger Jahren unternahmen, scheiterten größtenteils, weil die Manageroligarchie schon damals zu stark, zu verschachtelt, zu unkontrollierbar geworden war. Der Zweite Weltkrieg brachte der US-amerikanischen Wirtschaft einen bis dahin noch nie dagewesenen Konjunkturboom.

Danach mußte Europa wieder aufgebaut werden – insbesondere Deutschland. Es entstand die soziale Marktwirtschaft, der sogenannte »rheinische Kapitalismus« mit Sozialverantwortlichkeit und staatlichen Korrektiven für abhängig Beschäftigte, für Benachteiligte und Bedürftige. Letzteres wollen die Topmanager – sie nennen sich gern halb verniedlichend »Global Player« – nun demontieren. Es paßt nicht in ihr krudes Konzept der Wettbewerbsfähigkeit.

Mittlerweile dominieren die Topmanager auch den Staat. Nicht länger die Politik regiert uns, sondern die Wirtschaft. Während die Gesellschaft immer mehr entmachtet wird und die Arbeitslosigkeit immer größere Ausmaße annimmt, steigen Börsenkurse und Managergehälter in astronomische Höhen. Die Herrschaft der Manager wird immer grenzenloser.

Wenn wir nichts dagegen tun, kommt auf uns ein globaler Turbokapitalismus fast ohne menschliche Arbeit zu, eine Art »Nur-noch-Gewinn-Kapitalismus« (Ulrich Beck) ohne Sozialverantwortlichkeit, beschleunigt durch eine Besessenheit der Wettbewerbsfähigkeit und eine rasende Technologieerneuerung. Die Tempomacher dieses neuen Automations-Weltmodells folgen dabei der brutalen Formel 20:80. Das heißt, 20 Prozent der arbeitsfähigen Bevölkerung (die sogenannte Wissens- und Informationselite) werden zumindest in den postindustriellen Ländern ausreichen, um die Weltwirtschaft mit genügend Gütern und Dienstleistungen zu versorgen. Mehr Arbeitskraft kann der Turbokapitalismus gar nicht gebrauchen. Der große Rest, die »überflüssigen« 80 Prozent, werden durch Roboter, Computer, Sensoren, Scanner, Glasfaservernetzung etc. ersetzt. Die Arbeiterklasse wird entlassen.

Die so entstehende ungeheure Massenarbeitslosigkeit von vier Fünfteln der Bevölkerung soll dann nach altem Rezept durch Brot und Spiele – so die völlig ungenierte Aussage von Topmanagern aus aller Welt während einer Konferenz in San Francisco[1] – bei Laune gehalten werden. Die Manager des Turbokapitalismus werden den gegenwärtigen Sozialstaat zum Standortstaat umbauen, oder anders ausgedrückt: zum Staat der Manager. Das bedeutet dann die endgültige Demontage unserer Zivilisation.

Die Manager kündigen heute bereits den ungeschriebenen Gesellschaftsvertrag mit ihren Regierungen und Landsleuten, der die soziale Ungleichheit zum Beispiel durch progressive Besteuerung und das soziale Netz in Grenzen hielt. Das Modell des europäischen Wohlfahrtsstaats hat für sie ausgespielt, im weltweiten Konkurrenzkampf sei es nun zu teuer, so propagieren sie.

Der Turbokapitalismus bedroht massiv die Zukunft unseres Zusammenlebens, unserer Gesellschaft, unserer Zivilisation. Er wird zum unausweichlichen Schicksal der Mehrheit der Menschen, die aus dieser Globalisierung unausweichlich als Verlierer hervorgehen werden, wenn wir das Tun der globalen Spieler, der modernen Barbaren, nicht rechtzeitig bremsen. Unsere Antwort auf diesen schon zu weit gegangenen Versuch wird davon abhängen, ob noch genügend Interesse an einer humanen Gesellschaft, an einer nationalen Kultur vorhanden ist, um in uns – vor allem in den Erfolgreichsten und Privilegiertesten – genügend Opferbereitschaft und Verantwortungsbewußtsein zu wecken, diese zu erhalten. Oder sollte es dazu schon zu spät sein?

Können wir noch eine nationale Kultur, einen Sozialstaat erhalten, wenn es keine nationale Wirtschaft mehr gibt? Existiert außer Wirtschaftswachstum, Wettbewerbsfähigkeit, Bruttosozialprodukt noch etwas anderes, das uns zusammenhält? Oder hat die Idee der nationalen Kultur, des gemeinsamen Schicksals einer europäischen Zivilisation, der menschlichen Gemeinschaft in einem fürsorglichen Staatswesen, einer Verantwortung für das gegenseitige Wohlergehen aller Staatsbürger durch die Globalisierung ausgedient? Ist menschliches Zusammenleben, wie wir es kennen, unter den sozialdarwinistischen Bedingungen des globalen Turbokapitalismus überhaupt möglich? Zerbricht mit dem Verlust der Erwerbsarbeit nicht letztlich die Identität der Menschen?

Im dritten Teil meines Buches, »Der Aufstand gegen die ›blinde Elite‹«, versuche ich, Gegenmaßnahmen zum Sozialdarwinismus und zur Wettbewerbsfähigkeitsobsession der globalen Spieler aufzuzeigen, die mit unserer Zukunft als Einsatz zocken. Daß es trotz aller vielzitierten Politikmüdigkeit, trotz aller oft beschriebenen sozialen Kälte unserer Gesellschaften möglich sein müßte, der heutigen und künftigen Barbarei der Manager entgegenzuwirken und den Konsens einer engagierten Mehrheit herzustellen, statt sich von ihnen in einem erbarmungslosen Konkurrenzkampf um immer weniger Arbeitsplätze in der Erwerbswirtschaft und im staatlichen Sektor immer mehr Zugeständnisse abringen zu lassen, zeigen die Ansätze zum Aufbau eines Dritten Sektors (Jeremy Rifkin). Zu diesem nicht profitorientierten Bereich gehören Umweltschutzorganisationen, Jugendschutz und -betreuung, Drogenbekämpfung, Heimarbeit, Alten- und Krankenpflege, Behinderten-Sozialdienst, Arbeitslosenhilfsorganisationen, Stadtteil-Sanierungsgruppen, Sportvereine etc. Tätigkeiten in diesen Nicht-Regierungs-Institutionen bieten den Individuen Möglichkeiten, ihr Dasein und ihre gesellschaftlichen Beziehungen selbst in die Hand zu nehmen, anstatt vor dem Fernsehgerät oder in der Spielothek bzw. im Alkohol- oder Drogenrausch zu verdämmern.

Schon heute würden alle modernen Gesellschaften ohne freiwilliges Engagement für andere in derartigen Institutionen sofort zusammenbrechen. Allein in den USA erbringen 80 Millionen Menschen Woche für Woche mehr als fünf

Stunden freiwillige Hilfsleistungen für wohltätige Zwecke. Wir leben also, allen Weltveränderungsversuchen aus den Chefetagen zum Trotz, noch nicht ausschließlich in der Welt der Gewinnmaximierer, und so muß es auch in Zukunft sein. Nur müssen wir jetzt anfangen, diesen Dritten Sektor zu ermächtigen und in ihn zu investieren.

In Zukunft muß die Masse der Globalisierungsverlierer, die von der Erwerbsarbeit »freigesetzt« wird, mehr und mehr zur Mitarbeit in diesem sozialen Sektor erzogen und ermuntert werden. Zum anderen müssen die Globalisierungsgewinner (die ominösen 20 Prozent) neu auf das Gemeinwohl verpflichtet werden. Gerade sie unterminieren schon heute die Autorität des Staates, indem sie zwar seine Leistungen beanspruchen, ihm aber die Steuern zur Finanzierung entziehen.

Hier und überall da, wo es gilt, ihre egoistischen, gesellschafts- und kulturfeindlichen Ziele durchzusetzen, sind die Manager alles andere als Nieten, das zeigen die Aktienkurse. Eine »Erfolgsmeldung« wie die des Thyssen-Chefs Dieter Vogel aus dem Januar 1998, er habe den Konzerngewinn im abgelaufenen Jahr verfünffacht, wird Sie nach der Lektüre dieses Buches zu Recht erschrecken. Sie werden keinen klammheimlichen Stolz auf die Tüchtigkeit deutscher Unternehmen, auf ihre internationale Wettbewerbsfähigkeit empfinden, sondern sich bange fragen, wie viele Arbeitsplätze, wieviel Umwelt, wieviel Menschenwürde zum Wohl der Aktieneigner und, natürlich, der gierigsten unter den neuen Wirtschaftshaien, der Manager geopfert wurden.

Wenn wir, die wir alle betroffen sein werden, nicht die Politiker jeglicher Couleur zu einem völlig neuen Bürger-Staat-Bündnis zwingen, das allein die nötige Selbstorganisation der Gesellschaft in dem für uns überlebenswichtigen Dritten Sektor ermächtigen und durch Besteuerung der einem Raubzug gleichkommenden Globalisierungsgewinne finanzieren kann, ist das Ende der humanen Gesellschaft eingeläutet. Gelingt es uns hingegen, trotz der unheilige Allianz aus Managermob und ihren politischen Erfüllungsgehilfen den noch zu häufig belächelten Szenarios aus sozialer Selbsthilfe, produktiver bezahlter Arbeit im Dritten Sektor und politischer Selbstorganisation Leben einzuhauchen, könnte dieses Modell letztendlich sogar auf eine Abschaffung der Arbeitslosigkeit hinauslaufen.

Wir müssen die neoliberale Ideologie und die »Zwänge« der Globalisierung nicht blind akzeptieren. Wir können uns gegen die totale Vermarktung, gegen die Vereinnahmung der Kultur, gegen die wachsende Polarisierung der Gesellschaft und die Enteignung der Lebenswelt wehren. Wir könnten anders, sinnvoller arbeiten, solidarischer mit den Mitmenschen und der Umwelt leben. Wenn wir jedoch die bereits von den Griechen gedachte Universalität der Welt nicht ernst nehmen, uns dem Diktat des Kapitals und der Märkte unterwerfen, werden wir den Dritten Sektor nicht rechtzeitig verwirklichen können. Dann wird die Herrschaft der Manager unseren Sozialstaat, unsere nationalen Kulturen, unsere Zivilisation zerstören.

DIE HERRSCHAFT DER MANAGER

Fachmenschen ohne Geist, Genußmenschen ohne Herz:
dieses Nichts
bildet sich ein, eine nie vorher erreichte
Stufe des Menschentums erstiegen zu haben.

Der Soziologe Max Weber
in: Die Protestantische Ethik und der Geist des Kapitalismus

1. Die West Point Connection

Wo kommen die Manager her? Seit wann gibt es sie eigentlich? Wie haben sich diese modernen Barbaren entwickelt? Wodurch haben sie heute die totale Herrschaft im Wirtschaftsleben an sich gerissen und die Gesellschaft entmachtet? Ist das Management eine Erfindung der modernen Wirtschaft, oder ist die moderne Wirtschaft eine Erfindung des Managements? Brauchen wir Manager, oder können wir ohne sie auskommen?

Die beiden US-Ökonomen Keith Hoskin und Richard Macve nahmen wie andere zunächst an, das Management sei gegen Ende des 18. und zu Beginn des 19. Jahrhunderts in Großbritannien entstanden. Am Ende ihrer Recherchen kamen sie jedoch zu der verblüffenden Schlußfolgerung, daß das Management keine Erfindung der modernen Wirtschaft ist, sondern vielmehr die moderne Wirtschaft eine Erfindung des Managements. Weder habe die britische Industrie vor 1830 etwas von Managementtechniken gewußt, noch seien im Ursprungsland der Industriellen Revolution Hinweise auf eine »Managerschicht« zu finden.[2] Selbst die beiden berühmtesten klassischen Theoretiker der frühen industriellen Marktwirtschaft Adam Smith (»The Wealth of Nations«, 1776) und David Ricardo (»Principles of Political Economy«, 1817) äußerten in ihren Werken nichts über »Managergruppen«, »Managertechniken«, »Managerorganisation« oder »Managerplanung« etc. Solche Gruppen und Organisationen existierten damals in der britischen Wirtschaft tatsächlich nicht. Vielmehr wurde das Management in den Vereinigten Staaten erfunden, und zwar »aus heiterem Himmel«, wie

Hoskin und Macve belegen. Es wurde damals nicht wirklich benötigt, denn die amerikanische Industrie spielte seinerzeit in der Weltwirtschaft nur eine untergeordnete Rolle.

Der Ursprung des Managements läßt sich Hoskin und Macve zufolge einem neuen Bildungssystem zuordnen, das im Jahre 1817 vom vierten Direktor der berühmten US-Militärakademie West Point, Sylvanus Thayer, eingeführt wurde. Thayer entwickelte dabei zwei Neuerungen. Die erste, der Ecole Polytechnique in Paris entlehnt, bestand darin, Prüfungen durch numerische Zensuren zu bewerten. Numerische Zensuren als differenzierte Symbole für Erfolg oder Mißerfolg verschärfen die Konkurrenz zwischen den Studenten oder Schülern. Bis heute gelten sie als »objektiver« Maßstab für menschliche Leistungen und erzeugen die unerschütterliche Illusion, der Wert solcher Leistungen lasse sich exakt berechnen.

Die zweite Neuerung, das sogenannte »Stab-Linien-System«, hat Thayer offenbar selbst erfunden: Er gliederte die Militärakademie in zwei Abteilungen, die er jeweils »hierarchisch« organisierte: »Tägliche, wöchentliche und monatliche Berichte wurden verlangt, alle in schriftlicher Form. Es entstand ein fortwährender Austausch von schriftlichen Mitteilungen und Befehlen, die in jeder Abteilung oder Linie von unten nach oben gingen, bevor sie zusammengefaßt und an die zentrale Stabsstelle übermittelt wurden.«[3]

Die traditionelle Rolle des militärischen Führers, also die direkte verbale Kommandogewalt, lehnte Thayer ab. Er regierte vielmehr mittelbar, durch schriftliche Befehle und auf der Basis von Berichten, Tabellen, Personalakten usw. Da es auf Geschriebenem basiert, bezeichneten Hoskin und Macve Thayers System als »grammatozentrisches Prinzip«. Zwei Kadetten der Akademie, Daniel Tyler und George Whistler, transferierten Thayers Methoden ins Wirtschaftsleben.[4] Der Vorstand eines modernen Großkonzerns von heute funktioniert noch immer auf die gleiche Weise.

Daniel Tyler konnte als Mitarbeiter einer großen Waffenfabrik in Springfield, Massachusetts, die Produktivität in dem Unternehmen erheblich steigern und die Kosten senken. Er untersuchte 1832 Zeit- und Produktionsabläufe und bestimmte für jede Tätigkeit objektiv begründete Normen. Die tatsächliche Produktivität sowie die Qualität wurden ständig kontrolliert und mit den Vorgaben verglichen. Zudem ordnete Tyler eine exakte Lagerbuchhaltung an. 60 Jahre vor Frederick Taylor begründete er damit die Anfänge »wissenschaftlicher Betriebsführung«.

George Whistler hat Thayers Ideen vom Aufbau großer Organisationen gleichfalls effektiv umgesetzt. Als Chefingenieur gliederte er die »Western Railroads«, damals die größte Eisenbahnfirma der USA, nach einer hierarchischen Struktur: Er installierte eine »zentrale Stabsstelle« (General Staff), die mit »regionalen Stabsstellen« bis hinab zu »lokalen Managern« verbunden war.[5] Die amerikanische Wirtschaft hat die Prinzipien von Thayer, Tyler und Whistler bald im größeren Stil übernommen. Dadurch wurde die Industriearbeit militarisiert und atomisiert (Taylorismus, Fordismus) und das Unternehmensmanagement kreiert. Es funktioniert gleichfalls auf der Grundlage von schriftlichen Berichten aus allen hierarchischen Ebenen, exakter Buchführung, Lagerkontrolle und Produktivitätsnormen, Berechenbarkeit und Planung. Bei so viel militärischen Anleihen darf es eigentlich nicht verwundern, daß die Manager irgendwann der Gesellschaft den Krieg erklärten.

Dem US-Kulturhistoriker Christopher Lasch zufolge brachte erst die Trennung von Produktion und Planung die Manageroligarchie hervor: »Nach der vollständigen Entzweiung von Hand- und Kopfarbeit monopolisiert das Management das technische Wissen und reduziert den Arbeiter zur menschlichen Maschine ...«[6]

In der modernen Industriegesellschaft hat das Management die Macht an sich gerissen. Es funktioniert wie eine

Technologie, wie jede fortgeschrittene Technostruktur manifestiert es sich stärker in gewaltigen und komplexen Verwaltungsorganisationen als in Maschinen, erklärt der berühmte US-Ökonom John Kenneth Galbraith.[7] Je mehr Spezialkenntnisse und Investitionen benötigt wurden, je komplizierter und langwieriger sich der Produktionsablauf gestaltete, um so größer wurde die Bedeutung der Faktoren Zeit, Können, Kosten, Flexibilität. Aufgabe des Managements ist es, größtmöglichen Nutzen aus dem Potential menschlicher Fähigkeiten, der hierarchischen Struktur und dem Informationsfluß im Unternehmen zu ziehen und auf dieser Basis Entscheidungen zu fällen. Organisiertes Wissen ist zum entscheidenden Produktionsfaktor geworden.

Die »Verfahrensweise Management« hat dann auch große Produktivitätsschübe bewirkt. Bis heute wird im Brustton der Überzeugung propagiert, diese siegreiche Methode sei die segensreichste – trotz des gestörten ökologischen Gleichgewichts, trotz solcher Perversionen wie die wachsende Armut und Arbeitslosigkeit in den westlichen Industriegesellschaften sowie das Massenelend in der Dritten Welt. Für Galbraith wie für die meisten heutigen Kritiker der Globalisierung ist der springende Punkt nicht das Management oder die Technologie selbst, sondern deren Erhöhung zu etwas von der Natur Vorgegebenem, die Stilisierung zu einem Mythos. Da das Management wie jedes relativ effektive Verfahren zur Autonomie neigt, kann es, wenn Regulative versagen, Kritik demontiert wird, andere Verfahrensweisen durch Fremd- oder Selbstblockade keine Chance erhalten, das Gesamtsystem bedrohen.

Das Zeitalter der Manager hat erst nach dem Ersten Weltkrieg so richtig begonnen – also in den 20er Jahren dieses Jahrhunderts. Der klassische Unternehmer ist seither im Aussterben begriffen, sein Sterbehelfer ist der eigentliche Machthaber. Immer seltener sind in den großen Unternehmen der westlichen Industrieländer die Eigentümer die Firmenchefs. Die angestellten Unternehmensleiter, die Manager, übernehmen die Macht von den Kapitaleignern. Doch das Management hat nicht nur die Wirtschaft erobert, sondern ordnet sich immer mehr Bereiche der Gesellschaft unter. Es ist in der Tat ein klassisches Beispiel dafür, wie eine kleine machtorientierte Gruppe Verfahrensweisen und Methoden ständig ausbaut, um die eigene Herrschaft mit Zähnen und Klauen zu sichern. Ordnen wir uns nicht alle einer Maschinerie unter, die geschaffen wurde, damit sie uns diene? Wenn wir weiterhin alle Anpassungszwänge vorbehaltlos hinnehmen, wäre dies unser Untergang. Die Gesellschaft kann die Verfügungsgewalt über Wirtschaft, Politik und Öffentlichkeit nur zurückgewinnen, wenn sie die Herrschaftstechniken des Managements kontrolliert und demokratisiert. Das muß weder sinkenden Wohlstand noch Markteinbußen zur Folge haben. Beispiele im dritten Kapitel dieses Buches zeigen, daß auch Wirtschaftsunternehmen konkurrenzfähig sind, die nach gänzlich anderen Prinzipien geleitet werden.

2. Trennung von Eigentum und Kontrolle

Der US-Autor James Burnham (»The Managerial Revolution«) glaubte 1941, die Manager, damals häufig noch von den alten Kapitaleignern in ihre leitenden Positionen eingesetzt, bildeten eine »neue Klasse« und hätten eine revolutionäre Aufgabe: nämlich die alleinige Verfügungsgewalt über die Produktionsmittel bzw. die alleinige Unternehmenskontrolle auszuüben. Dadurch war für Burnham die »Trennung zwischen Eigentum und Kontrolle« gegeben. Die neue Klasse der Manager werde eigene Interessen verfolgen, die mit denen der Kapitaleigner nicht übereinstimmten – ja diesen sogar in einigen Belangen konträr gegenüberstanden. Mit anderen Worten: Die Kapitaleigner besitzen zwar noch

Eigentum an den Produktionsmitteln, aber die viel wichtigere Funktion der Verfügungsgewalt, der Kontrolle darüber, die die größere wirtschaftliche Macht beinhaltet, sei von den Managern okkupiert worden. Damit sei gleichzeitig die optimale Kombination der Produktionsfaktoren sowie die gesamte Planung und Organisation des Wirtschaftslebens von den Kapitaleignern an die Manager übergegangen.[8]

Diese Analyse erwies sich teilweise als falsch. Zwar haben Topmanager längst immer mehr unkontrollierte Machtfülle angehäuft und die »alten« Kapitaleigner stufenweise von der Verwaltung und Kontrolle ihres Eigentums völlig verdrängt, aber sie haben sich durchaus nicht gegen die Kapitaleigner als solche gewandt, um sie auszuschalten oder zu beerben. Ganz im Gegenteil: Die Manager sind – insbesondere nach dem Zweiten Weltkrieg – selbst zu den vermögendsten und einflußreichsten Kapitaleignern, sprich Aktionären, geworden und verteidigen somit automatisch die Interessen der Anteilseigner.[9]

Die amerikanischen Ökonomen Paul Baran und Paul Sweezy, zwei ehemalige Professoren der renommierten Stanford University in Kalifornien, haben in ihrer Studie »Monopoly Capital« (1968) dieses Faktum realistisch eingeschätzt: »Es ist heutzutage eine Tatsache, daß die Manager den aktivsten und einflußreichsten Teil der besitzenden Klasse ausmachen. Mit nur wenigen und unbedeutenden Ausnahmen sind sie reiche Männer aus eigenem Recht, ganz abgesehen von ihren enormen Einkommen und außergewöhnlichen Privilegien, die sie aus ihren Wirtschaftsbeziehungen ableiten. Es ist natürlich wahr, daß in dem typischen Großunternehmen das Management von den Aktionären nicht kontrolliert wird [da es in den USA keine Aufsichtsräte gibt – J. B.], und in diesem Sinne gibt es eine Trennung von Eigentum und Kontrolle. Aber es gibt keine Rechtfertigung, daraus abzuleiten, daß das Management im allgemeinen vom Eigentum getrennt ist. Ganz im Gegenteil: die ›managerial class‹ gehört zu den wohlhabendsten Kapitaleignern; und wegen der strategischen Positionen, die sie einnimmt, wegen ihres Insider-Wissens, funktioniert sie als der Beschützer und Interessenvertreter für das Großkapital, dessen erheblichster Teil heute aus ihren eigenen Reihen kommt. Weit davon entfernt, eine getrennte Klasse zu sein, stellt sie in Wirklichkeit die führende Schicht der besitzenden Klasse dar.«[10]

So ist es bis heute geblieben. Nur haben die Manager ihre Herrschaft in der Zwischenzeit noch weiter gefestigt und ausgedehnt. Sie regieren die großen Konzerne alleinherrlich durch Stabsstellen wie »Board of Directors«, »Unitary Board«, Vorstand und Aufsichtsrat. Es sind Stabsstellen, von denen die alten Kapitaleigner und Arbeitnehmer ausgeschlossen wurden bzw. in denen sie nur repräsentative Funktionen erfüllen – an den Unternehmensentscheidungen aber sind sie nicht beteiligt. Ich werde später wieder auf die neuen Methoden und Verfahrensweisen des Managements zurückkommen. An dieser Stelle will ich über ein Ereignis berichten, das sich während der »Großen Depression« (1929–1939) in den USA abspielte und das in Europa kaum bekannt ist.

3. Die Technokraten – Oder Mr. Roosevelt Meets Mr. Keynes

Im Hauptland des Kapitalismus waren viele Amerikaner während der »Großen Depression« und Franklin D. Roosevelts New Deal davon überzeugt, daß Amerikas Wirtschaft keine Manager brauche. Der Kollaps an der Wall-Street-Börse vom 29. Oktober 1929 hatte die Ersparnisse Hunderttausender Investoren entwertet und das Vertrauen der breiten Öffentlichkeit in die angeblich perfekte Maschinerie des von Managern geleiteten US-Kapitalismus zerstört. Die chronischen Probleme von Überproduktion und Unterkonsumtion, hoher Arbeitslosigkeit – und damit fehlender Kaufkraft –, heißgelaufener Konjunktur und damit Überangebot vermochte die amerikanische Managerelite nicht zu lösen.[11]

Die Unternehmen konnten ihre immer größer werdenden Lagerbestände nicht mehr absetzen, mußten deshalb die Betriebe schließen und die Arbeiter entlassen. Dadurch sank die Nachfrage nach Gütern zunehmend. Die Automobilproduktion schrumpfte von 4,5 Millionen Einheiten (1929) auf 2,7 Millionen (1930) und 1,1 Millionen (1932). Als die Ford Corporation 1931 ihre Detroiter Fabriktore schloß, verloren allein dort 75 000 Arbeiter ihren Job. »Aus der großen Multiplikator-Industrie der 20er Jahre wurde der große Minimator der 30er, denn die Schrumpfung der Autoproduktion hatte verheerende Auswirkungen nicht nur auf die Arbeiter, sondern ebenfalls auf die Ersatzteil- und Zulieferindustrien.«[12]

Nicht nur Amerika, sondern auch Europa wurde von der zur »World Depression« ausgearteten Wirtschaftskatastrophe gebeutelt – einige Länder sehr schwer, zum Beispiel Deutschland mit 6,5 Millionen Arbeitslosen. Damals entstand der Spruch: »When Wall Street sneezes, Europe has tuberculosis«.

In den USA entwickelte sich ob dieser Katastrophe eine sogenannte »Bewegung der Technokraten« (der Ausdruck wurde vom US-Ökonomen und Soziologen Thorstein Veblen geprägt). Die »Technokraten« forderten, daß Wissenschaftler, Ingenieure, Techniker die Manager bei der Leitung der Konzerne und der Gesamtwirtschaft ersetzen sollten. Sie plädierten für eine »Herrschaft der Wissenschaft« (Rule by Science).

Veblen – ein Sohn norwegischer Einwanderer –, der schon 1922 die amerikanische Managerelite angegriffen hatte, behauptete in seiner Studie »The Engineers and the Price System«, die amerikanische Wirtschaft und Gesellschaft könne nur durch »Wissenschaftler und Ingenieure gerettet werden, deren noble Standards über den rein pekuniären Interessen der Manager« stünden. Er verstieg sich sogar zu der These: »Wenn die Industrie des Landes vollständig von kompetenten Wissenschaftlern und Ingenieuren organisiert wird, wenn die Technik vom Management befreit wird, werden wir der Gesellschaft eine umfassende Güter- und Dienstleistungsproduktion zur Verfügung stellen anstatt einer von ignoranten Managern, die nur ein Auge auf maximale Profite werfen, mißgeleiteten Wirtschaft.«[13]

Die Bewegung hatte nach dem »Wall Street Crash« 1929 und dem Beginn der Massenarbeitslosigkeit in den USA sehr großen Zulauf. Während der schlimmsten Zeit der »Großen Depression«, zwischen 1931 und 1934, verlangten die »Technokraten« beinahe diktatorische Macht für ihre »Herrschaft der Wissenschaftler und Ingenieure«. Sie verachteten das amerikanische politische System, das ihrer Meinung nach ohnmächtig darniederlag und die wirtschaftliche Misere, die Massenarbeitslosigkeit nicht zu beheben vermochte. Ein »National Board of Scientists« sollte bevollmächtigt werden, »Produktion und Verteilung von Gütern und Dienstleistungen zu kontrollieren, mit dem Ziel, eine maximale effiziente Nutzung natürlichen, menschlichen und Maschinenkapitals sicherzustellen«.[14]

Die Technokraten versuchten, die Vision eines technologischen Utopia direkt in den politischen Prozeß zu integrieren. Ihre Anführer prophezeiten, »in einer Technokratie« werde »Wissenschaft Verschwendung, Arbeitslosigkeit, Hunger und soziale Unsicherheit für immer verbannen«, »Wissenschaft und Technik werden eine Wirtschaft der Knappheit in eine des Überflusses verwandeln. ... Ordnung wird Unordnung, industrielle Planung wird industrielles Chaos ersetzen.«[15] Die Bewegung sorgte für große Diskussionen im ganzen Land. Ihr Einfluß war trotzdem nur von kurzer Dauer.

Denn im März 1933 trat Franklin Delano Roosevelt seine

erste Amtsperiode als Präsident der USA an. In der Inaugurationsrede versprach er seinen Landsleuten in bewegten Worten eine neue Politik, einen neuen Gesellschaftsvertrag, der das Land von der schweren Wirtschaftskrise, der Massenarbeitslosigkeit und der Massenarmut befreien sollte. »Ich werde den Kongreß beauftragen«, so Roosevelt, »als einziges uns noch verbleibendes Instrument, um die große Krise unserer Nation abzuwenden, mir breiteste exekutive Macht zu erteilen. Dann werden wir Krieg führen gegen den Ausnahmezustand unseres Landes.«[16]

Der New Deal war geboren. Der Kongreß bewilligte Roosevelt tatsächlich umfassende exekutive Macht für seine neue Gesetzgebung und seine neuen Pläne. Die Arbeitslosen und die kleinen Leute in den USA unterstützten, wählten und verehrten Roosevelt, schon weil er im Jahre 1934 durch Anwendung seiner exekutiven Allmacht den »Social Security Act« ins Leben rief, der den Arbeitslosen, Arbeitssuchenden und Alten u.a. das erstemal im Leben dieser Nation gesetzlich geschütztes Arbeitslosengeld, Mindestlöhne und Rente gewährte. Diese Umverteilung des Wohlstands ließ die Wirtschaftselite und viele erzkonservative Republikaner lauthals protestieren. Der britische Ökonom John Maynard Keynes dagegen beglückwünschte Roosevelt zu seiner mutigen Tat, die die Kaufkraft (Nachfrage) der unteren Schichten stimulieren werde, und das sei gut für die US-Wirtschaft. Im Jahre 1936 lud Roosevelt Keynes nach Washington D.C. ein.[17]

In der Unterredung mit Roosevelt untermauerte John Maynard Keynes seine Erklärungen zur Abschaffung der Wirtschaftskrise mit vielen Zahlen, Formeln und Graphiken. Der Präsident erklärte anschließend: »Alles in allem habe ich schon verstanden, was er meinte, aber ich konnte seinen langatmigen Zahlenspielereien nicht folgen, mit denen er mich überschwemmte.«[18]

1936 war in Großbritannien Keynes' berühmtes Werk

»The General Theory of Employment, Interest and Money« erschienen, in dem er auch einen Ausweg aus der Weltwirtschaftskrise gefunden zu haben glaubte. Die Hoffnung, das ökonomische System könne sich stabilisieren, da sich durch die Kraft des Marktes das Gleichgewicht von Angebot und Nachfrage von selbst einstelle – die »unsichtbare Hand« des Adam Smith – , wurde abgelöst durch die keynessche Botschaft der Steuerungsnotwendigkeit und -möglichkeit.

Keynes schlug vor, die Wirtschaft insbesondere durch Interventionen des Staates wie »Deficit Spending«, Regierungsaufträge an die Unternehmen, gesetzlich festgelegte Mindestlöhne und Steuererleichterungen etc. wieder zu beleben. Die Wirtschaft habe versagt. Sie allein könne sich und der Gesellschaft nicht mehr helfen. »Unsere Regierungen können die Wirtschaftskrise nur besiegen helfen, wenn sie willentlich ihren Haushalt überziehen, indem sie Steuereinnahmen senken und die Ausgaben erhöhen, um Nachfrage und Investitionen zu stimulieren.«[19] Keynes forderte Roosevelt also auf, die US-Wirtschaft durch Staatsverschuldung anzukurbeln. Und der Präsident befolgte diesen Rat. Er gab bedeutend mehr aus, als seine Regierung an Steuern einnahm. Er unterstützte kleinere und mittlere Unternehmen mit billigen Krediten, er ließ per Staatsauftrag das US-Highway-System, Dämme, Brücken bauen, »Staatsküchen« für die Mittellosen errichten und die Zentren der Großstädte restaurieren, und vor allem schaffte er Jobs für Millionen und damit Kaufkraft.[20]

Die Proteste der amerikanischen Management-Organisationen folgten auf dem Fuße. Roosevelts »Deficit Spending«, von ihnen nun abschätzig »Keynesian Economics« genannt, galt vielen Wirtschaftsführern als »unverantwortlich«. Sie ließen Annoncen in den großen amerikanischen Zeitungen veröffentlichen, in denen Roosevelt vorgehalten wurde, er wolle durch »die Hintertür den Sozialismus in Amerika einführen«.[21] Aus diesem Grund wagte es der Präsident nicht, ein geplantes allgemeines Krankenversicherungssystem einzuführen. (In den 90er Jahren sollte noch Präsident Clinton mit einem ähnlichen Plan am Widerstand der Managerlobby scheitern.)

Die US-Wirtschaftselite bewertete Roosevelts staatlich geförderte Nachfragestimulierung als eine »Einmischung in die freie Marktwirtschaft«, als Angriff auf eine heilige Kuh. Und sie drohte mit Investitionsverweigerung. (So wie heute Manager die Arbeitnehmer mit Auslagerung der Produktionsstätten bedrohen.)

Dieser heute weitverbreitete Pawlowsche Reflex – staatlich geförderte Leistungen für die unteren und mittleren Schichten provozieren einen Aufschrei der Oberschicht, des Managements – war auch schon in dieser Zeit deutlich ausgeprägt.

Die Erfolge des New Deal bedeuteten das Ende der »Technokratie-Bewegung« in den USA. Amerikas Eintritt in den Zweiten Weltkrieg bescherte dem Land einen gewaltigen Wirtschaftsboom – die US-Rüstungsindustrie wurde größter Arbeitgeber – und trug damit zur endgültigen Niederlage dieser Bewegung bei.

4. Die neuen Verfahrensweisen

Die Managerelite hatte aus diesen Ereignissen gelernt. Um die Herrschaft im Wirtschaftsleben nicht wieder abgeben oder mit alten Kapitaleignern, der Regierung, den Arbeitnehmern teilen zu müssen, konsolidierte sie ihre Macht – und zwar durch generalstabsmäßige Verfahrensweisen. Die West Point Connection ließ grüßen. In den 30er und 40er Jahren wurden in den USA – aber auch in Deutschland – die alten Kapitaleigner verdrängt, die häufig Erfinder, Ingenieure, Techniker oder »Selfmade Men« waren wie Henry Ford, J.P. Morgan, Mark Hanna, du Pont, Rockefeller etc. und »ihre«

Unternehmen selbst *mit*geleitet hatten. An ihre Stellen traten »Chief Executive Officers« (CEO)[22]. Die CEO amerikanischer Prägung verfügen über mehr Macht als deutsche Vorstandschefs.

Geschäftsführung und Kontrolle amerikanischer Unternehmen liegen in der Hand eines Gremiums, des Board of Directors, dem Executive- und Non-Executive-Directors angehören. Mitbestimmung von Arbeitnehmern oder Gewerkschaften wie in Deutschland gibt es hier nicht.

Während der 50er und 60er Jahre gelang es den Topmanagern, die Boards mit Vertretern ihrer Kaste zu besetzen und Familieneigentümer oder »dominante Eigentümer«, die in diesen Gremien bis dahin häufig als »Kontrolleure« bzw. »Outside Directors« fungiert hatten, auszuschalten. Somit hatten die Manager ihr Ziel erreicht: Sie waren die Alleinherrscher über Planung und Produktion, besaßen die Verfügungsgewalt über die Produktionsmittel und entwickelten sich ebenfalls zu wesentlichen neuen Kapitaleignern (Mehrheitsaktionären).[23] Die »Managerial Revolution« war vollzogen.

Der CEO, der meist auch den Vorsitz als »Chairman of the Board« führt, ist ein Autokrat.[24] Er wählt alle Direktoren aus, bestimmt deren Gehälter sowie sein eigenes. Der amerikanische CEO fungiert als Aufsichtsrats- und als Vorstandsvorsitzender, »Non-Executive Board Members« haben kaum eine Chance, ihn zu überstimmen. Da er die absolute Kommandogewalt und allumfassenden Einfluß besitzt, kann seine Position auch im Falle von Mißerfolgen kaum angefochten werden. Seine direkten Vorstandskollegen stellen dabei als »Inside Executive Directors« über ein Drittel des Gremiums. »Als Outside Directors – und damit als die eigentlichen Kontrolleure – fungierten häufig seine Golffreunde [häufig CEO anderer Unternehmen – J. B.], frühere treue Angestellte, geschäftlich Abhängige oder Vorstandskollegen aus anderen Unternehmen. ... Damit sie bei Laune blieben, bekamen die Direktoren ihre ›perks‹, (wörtlich Frechheiten): bei Luftlinien Freiflüge auf Lebenszeit, in der Autohochburg Detroit ständig ein Testauto und neben Sitzungsgeldern womöglich noch eine Pension.« Von ihren immensen Gehältern gar nicht zu sprechen. Da die Entscheidungen schon vorher gefallen sind, gleichen die Sitzungen »freundlichen Gesprächen beim Dinner«. »Es dominierte das Freistempler-Board«, so John Nash, Präsident der National Association of Corporate Directors (NACD) mit mehr als 1500 Mitgliedern. Der Unternehmer, Milliardär und ehemalige US-Präsidentschaftskandidat Ross Perot spottete einst über diese Treffen: »Außer Seezungenfilets stand nicht viel auf der Tagesordnung.«[25]

Die Non-Executive-Direktoren vergessen bewußt, auch wegen der oben erwähnten Geschenke, daß sie gesetzlich verpflichtet sind, die Interessen der Aktionäre zu verteidigen – selbst gegen den CEO. Man sägt doch nicht den Ast ab, auf dem man sitzt. Da sich der Board aus unternehmensinternen und -externen Direktoren zusammensetzt, ist er vermutlich besser über die gesamtwirtschaftliche Lage des Unternehmens unterrichtet als das deutsche »Zwei-Board-System«.

Im deutschen System besteht eine klare Arbeitsteilung: Der Vorstand – mit seinem leitenden Vorstandsvorsitzenden – führt die Geschäfte, der Aufsichtsrat überwacht – auf dem Papier – die Geschäftsführung der Topmanager im Interesse der Kapitaleigner. Im amerikanischen Ein-Board-System fehlt nicht nur die Fremdkontrolle durch die Aktionäre bzw. deren Vertreter, es gibt, wie gesagt, auch keine Mitbestimmung durch Arbeitnehmer und Gewerkschaften. Es herrscht das absolute Führerprinzip.

Das britische System des Wirtschaftsmanagements ist dem US-System sehr ähnlich. Auch in Großbritannien besteht ein Ein-Board-System, Unitary Board genannt. Zwar entwickelten sich auch hier in den 30er Jahren neue Verfahrensweisen, doch im britischen Einheits-Board gab es (verglichen mit den USA) damals noch überdurchschnittlich viele alte Kapitaleigner, die ihre eigenen Interessen vertraten und die Executive Directors und den Chief Director kontrollierten. In der Zwischenzeit sind auch hier die alten Anteilseigner größtenteils aus dem Unitary Board hinausgedrängt und durch Non-Executive Directors ersetzt worden. Letztere sind zumeist Topmanager anderer Unternehmen und sollen – auf dem Papier zumindest – wie Aufsichtsräte in Deutschland die Interessen der Aktionäre gegenüber den Executive Directors vertreten.[26]

Das britische Kontrollsystem hat sich nicht bewährt. Da beide Gremien im Unitary Board wie im US-One-Board-System Hand in Hand arbeiten, fehlt die Fremdkontrolle durch bzw. für die Aktionäre. Daher wollten britische Aktionäre anhand der Vorschläge des sogenannten »Cadbury Reports« (1992) den Unabhängigen Direktoren (Non-Executive Directors) »mehr Verantwortung geben, sie sollten als eine Art Unternehmenspolizei« die Aktivitäten der Vorstände kontrollieren. Doch man erkannte schnell, daß die beiden so verschiedenen Rollen sich in ein und demselben Gremium nicht vertragen würden, und entschied daher, daß ein neuer Typ des Chief Directors geschaffen werden müßte, der von den Aktionären ernannt werden sollte. Bei diesen Vorschlägen ist es geblieben. Vor allem auch deshalb, weil die meisten britischen Chief Directors und Executive Directors selbst Aktionäre in ihrem oder anderen Unternehmen sind und sich nicht in die Karten schauen lassen wollen. Eine rudimentäre Mitbestimmung für Arbeitnehmer, die es bis weit in die 70er Jahre in Großbritannien gab, wurde von der ersten Thatcher-Administration abgeschafft.

Auch in Deutschland entwickelten sich während der 30er Jahre neue Verfahrensweisen der Unternehmensleitung von Kapitalgesellschaften. 1937 wurden die Unternehmensleitungen in ein Zwei-Board-System, in Vorstand und

Aufsichtsrat, aufgeteilt. Im Vorstand saßen die Topmanager: der Vorstandsvorsitzende und die Direktoren und im Aufsichtsrat die Kontrolleure, welche die Aufgabe hatten, die Interessen der Anteilseigner gegenüber dem Vorstand zu vertreten. In den 50er und 60er Jahren gelang es dann den Topmanagern in der Bundesrepublik – insbesondere den Bankmanagern –, ihre Alleinherrschaft durchzusetzen, die ursprünglichen Kapitaleigner aus den Aufsichtsräten zu entfernen und diese mit befreundeten Managern zu besetzen. Heute ist der Aufsichtsrat, das Kontrollgremium der deutschen Wirtschaft, zum »Klub der Jasager« verkommen. Herrscher in der Wirtschaft sind die Vorstände.[27] Über ihnen herrscht nur noch eine Gruppe von Über-Vorständen und Über-Aufsichtsräten: die Topmanager der deutschen Großbanken.

In der Bundesrepublik sichern sich die Vorstandsmitglieder wie in den USA Privilegien, die an primitives Raffertum erinnern. Die Aufsichtsratsmitglieder sind inzwischen wie die amerikanischen Non-Executive Board Members (Kontrolleure) zum Zuschauen verdammt. Nachdem der Werftenverbund Bremer Vulkan in Konkurs gegangen war, beschimpften Aktionäre bzw. Aktionärsvertreter auf den Hauptversammlungen den Aufsichtsrat als »Pensionsfonds für senile Manager« oder »Altherrenkabinett«. Es herrsche mehr »Nachsicht als Aufsicht«, in den Aufsichtsratssesseln säßen »ratlose Räte«, »Schlafmützen« und »Abnicker von Vorstandsvorlagen«. Herbert Henzler, Chef von McKinsey, der renommiertesten internationalen Unternehmensberatungsfirma, meinte, die Versammlung des deutschen Aufsichtsrats sei nur eine »Schönwetterveranstaltung«. Der ehemalige Chef der Deutschen Bank, Hermann Josef Abs, hatte gar unverblümt verkündet: »Die Hundehütte ist für den Hund, der Aufsichtsrat ist für die Katz.«[28]

Im deutschen System kontrolliert sich letztlich eine Kaste von Vorständen und Aufsichtsräten gemeinsam, das heißt, sie arbeiten sich selbst in die Hände. Der Vorstand lenkt, der Aufsichtsrat kontrolliert – so ist es vom Gesetz vorgeschrieben. Da hier wie dort aber die gleiche Spezies – eben Manager – sitzt, verhindern Kumpanei und Interessenidentität, daß das Rollenspiel im Sinne des Gesetzgebers funktioniert. Die Schlüsselrolle spielen dabei – und das ist anders als in den USA – die Großbanken und Versicherungen über ihre enormen Industriebeteiligungen, Aufsichtsratsmandate und das sogenannte Depotstimmrecht. Weil die Aufsichtsräte im allgemeinen zu einem »Kartell der stummen Abnicker« degeneriert sind, wird besonders in großen Aktiengesellschaften der Industrie die Aufsichts- und Kontrollücke immer größer.

Nach dem AG-Recht bestimmt der Aufsichtsrat, wer Vorstandsmitglied und Vorstandschef werden darf. Doch das ist nur noch graue Theorie. In der Praxis ist im deutschen System die Trennung von Aufsicht (Kontrolle) und Management (Geschäftsführung) kaum noch existent. Management und Aufsichtsräte schirmen sich gegenseitig ab. Wie eng die deutschen Großunternehmen im Finanzleistungssektor, also Banken und Versicherungen, sowie Industrie- und Medienkonzerne personell und kapitalmäßig miteinander verflochten sind, dokumentiert Rüdiger Liedtke in seinem jährlich in aktualisierter Fassung erscheinenden Band »Wem gehört die Republik?«[29]. Da sitzt zum Beispiel ein Vertreter vom Allianz-Konzern, der Deutschen Bank und Bosch im Aufsichtsrat der jeweils anderen Gesellschaft; bei Bertelsmann ist der Vorstandsvorsitzende der Thyssen AG Aufsichtsratsvorsitzender, auch der Vorstandschef des Krupp-Konzerns sowie je ein Vorstandsmitglied der Deutschen Bank und der Commerzbank gehören diesem Gremium an.

Nur ein gutes Dutzend der vielen tausend Aufsichtsräte besitzt Weisungsbefugnisse in den wichtigsten deutschen Konzernen. Nach Jürgen Gaulke kann man die Aufsichtsräte in drei Klassen unterteilen. In der ersten Klasse sitzen das oben genannte gute Dutzend Aufsichtsräte, sie sind fast alle Vorstandschefs der »Top 20« der deutschen Konzerne. Für sie bedeutet der Aufsichtsrat ein Zentrum der Kontaktpflege und der wirtschaftlichen Herrschaft.

»In der zweiten Klasse folgen die Beauftragten der Mächtigen ... Als Erfüllungsgehilfen, Platz- und Statthalter handeln sie im Auftrag dieser Hauptaktionäre, sie leben von den Aufsichtsratstantiemen und vielleicht manchem Beratungsauftrag nebenbei [häufig ausgehändigt durch die Vorstände – J. B.]. Doch auch sie können noch herabblicken auf das Kontrollproletariat, die Arbeitnehmervertreter.«[30] Letztere bilden die dritte Klasse. Sie werden immer dann ausgeschlossen, wenn wesentliche Entscheidungen getroffen werden. Bei den wenigen gesetzlich vorgeschriebenen offiziellen Anlässen und den obligatorischen Kaffee-Sitzungen erhalten sie zwar zwangsläufig »Zutritt zum Innersten«, aber auch dann sind sie nur Gäste – ohne wirkliche Weisungsbefugnis und ohne notwendige Mehrheit. Man nennt das in Deutschland »qualifizierte Mitbestimmung der Arbeitnehmer«[31].

In den seltensten Fällen, etwa im Fall Schimmelbusch/Metallgesellschaft greift der Aufsichtsrat in das Geschehen ein. Bis zur Auswechslung des Vorstandes vergeht selbst bei gröbster Mißwirtschaft meist eine lange Zeit – oft zu lange.

Auch in Publikumsgesellschaften mit breiter Aktienstreuung haben die Vorstände der Großbanken aufgrund des Depotstimmrechts das Sagen, denn Klein- und Mittelaktionäre treten im allgemeinen ihre Stimmrechte an die Bank ab, bei der sie ein Depot unterhalten. Meist läßt ein Geldanleger, der Aktien kauft, diese im Depot seiner Bank liegen. Vor jeder Hauptversammlung erhält der Aktionär von ihr eine Vollmacht zur Ausübung des Stimmrechtes. Nicht einmal 3 Prozent der Anleger beanspruchen ihr Recht, der Bank konkrete Weisungen für die Stimmabgabe zu erteilen. Bei gut zwei Dritteln aller sogenannten Depotstimmen können die Großbanken sogar auf Dauervollmachten zurückgreifen, die sie legitimieren, das Abstimmungsprozedere bei den Hauptversammlungen ganz in ihrem Sinne zu lenken. Allein über ihre Depotvollmachten treffen die Manager der Großbanken bei den meisten Publikumsgesellschaften die Entscheidungen. Die Aktionäre selbst haben keine Chance, auf der Hauptversammlung eine Mehrheit zu erhalten.

Nach den Untersuchungen der Bankenstrukturkommission (1992) stellten die Großbanken bei 74 börsennotierten Konzernen mit einem Grundkapital von jeweils mehr als 50 Millionen DM rund 52,5 Prozent der auf den Hauptversammlungen vertretenen Stimmen. Mit Hilfe der großen Aktienpakete ihrer eigenen Unternehmen und der Depotvollmachten beherrschen die Manager der Finanzkonzerne den größten Teil der deutschen Wirtschaft. Doch in den Zentralen der Deutschen Bank und einiger weiterer Großbanken – Dresdner Bank, Commerzbank und neuerdings auch die Bayerische Hypo-Bank – stellt man nicht allein ökonomische Weichen, dort wird mit nationalen und internationalen Transaktionen auch an der Phalanx von Industrie und Politik geschmiedet, wobei die Politik zum »Servicebetrieb« für die Manager degradiert wird – und sich degradieren läßt. Manager und Analysten der Großbanken entscheiden über Wohl und Wehe von Millionen Beschäftigten, wenn sie neue Sanierungskonzepte austüfteln, um den Gewinn der Anleger zu steigern, sie legen die Kreditkonditionen für den größten Teil der deutschen Wirtschaft fest, führen Unternehmen an die Börse. In der Sprache der Journalisten heißt das: »Sie spielen die Hauptrolle in den Wirtschaftskrimis unserer Zeit.«

Das Beispiel der Deutschen Bank soll dies untermauern. Die Deutsche Bank AG besitzt von allen deutschen Banken die mit Abstand größte Anzahl an Tochtergesellschaften im In- und Ausland, an Beteiligungen an nationalen und internationalen Kredit- und Finanzierungsinstituten sowie die potentesten Beteiligungen an Industrieunternehmen. Das Investment Banking ist neben dem Private und dem Commercial Banking das dritte internationale Standbein. Der Anteilsbesitz der Deutschen Bank (im In- und Ausland) umfaßte Anfang 1997 über 700 Unternehmen. Es gibt innerhalb der deutschen Wirtschaft kaum einen wichtigen Zweig, den die Deutsche Bank nicht abdeckt. Die folgende Übersicht weist nur die Filetstücke der mehr als 300 Deutsche-Bank-Beteiligungen in Deutschland und die Aufsichtsratsmandate des Deutsche-Bank-Vorstands aus[32]: Beteiligungen: Daimler-Benz AG 22,6 Prozent, Deutz AG 44,7, Philipp Holzmann AG 25,8, Hutschenreuther AG 25,1, Leifheit AG 11, Metallgesellschaft 16,5, Nürnberger-Beteiligungs-AG 26. Aufsichtsratsmandate: *Dr. Josef Ackermann:* Linde; *Rolf-Ernst Breuer:* Deutsche Lufthansa, DLW AG, Dürr, Klöckner-Werke, Preussag, VEBA; *Carl-Ludwig von Boehm-Bezing:* Leifheit, CEAG, Philipp Holzmann, Krupp Hoesch Automotive, Thyssen; *Ulrich Cartellieri:* Solvay Deutschland, Henkel, Karstadt, Siemens; *Michael Endres:* Deutz, Giesecke & Devrient, Daimler-Benz, Heidelberger Druckmaschinen; *Tessen von Heydebreck:* Gruner + Jahr, *Jürgen Krumnow:* Hapag-Lloyd, Mobil Oil, Schering, Schmalbach-Lubeca, VIAG, Volkswagen; *Georg Krupp:* Kunz Holding, Iveco Magirus, Nestlé Deutschland, Rheinmetall Berlin, Strabag, VEW; *Ronaldo Schmitz:* Metallgesellschaft, Bertelsmann, Kaufhof Holding; *Ulrich Weiss:* BASF, Continental, Heidelberger Zement, Kali und Salz AG, Südzucker.

Diese Topmanager treffen alle Entscheidungen einstimmig, »so daß niemand allein zur Verantwortung gezogen werden und niemand plaudern kann«. Der Vorstand um Sprecher Rolf-Ernst Breuer (seit Juni 1997) verfügt über mehr als 150 Aufsichtsratsmandate und hat in weit mehr als 200 Verwaltungs- und Beiräten einen Sitz. Breuer hat zwar 1997 im Internationalen Club Frankfurter Wirtschaftsjournalisten dafür plädiert, die Zahl der Bankenvertreter in den Aufsichtsräten zu reduzieren,[33] doch bisher haben sie noch keinen dieser Sessel geräumt, die ihnen Schlüsselpositionen in der deutschen

Wirtschaft sichern. Die Deutsch-Banker kontrollieren Kredite und Investitionen vieler Großkonzerne, bestimmen maßgeblich die Besetzungen der Vorstandsetagen, z.B. bei Daimler-Benz, der Metallgesellschaft, VW oder Philipp Holzmann. 25 Prozent des deutschen Außenhandels werden über Konten der Deutschen Bank abgewickelt, sogar über 30 Prozent aller Geschäfte mit den ehemaligen Ostblockländern.[34]

Da die Deutsche Bank auch über die meisten Aktiendepots verfügt, kann sie – ohne selbst Eigentümerin zu sein – große Aktiengesellschaften wie Bayer, BASF und Mannesmann dominieren. »Aufsichtsrat und Vorstand harmonieren in aller Regel, schon deshalb, weil der Aufsichtsratsvorsitzende fast immer ein früherer, pensionierter Vorstandschef der Deutschen Bank ist. ... Ansonsten ist der Deutsche-Bank-Aufsichtsrat stets optimal besetzt – von mit der Bank verbundenen Industriemanagern.«[35] Der Kreis der Herrschaft und der Kontrolle schließt sich also. Daß die Frage »Wer kontrolliert die Deutsche Bank« keinesfalls als reine Rhetorik abgetan werden darf, zeigte der Prozeß gegen den Immobilienspekulanten Jürgen Schneider. Die Verteidigung verwies in ihren Plädoyers auf die vom Bundesaufsichtsamt für Kreditwesen »festgestellten Verstöße gegen Grundsätze ordnungsgemäßer Geschäftsführung sowie gegen Bestimmungen des Gesetzes über das Kreditwesen«.[36] Das Urteil wäre gewiß anders ausgefallen, wenn die Banken ihren Prüf- und Kontrollpflichten in jeder Hinsicht nachgekommen wären. Vielleicht weil Kopper die auf Schneiders Liegenschaften lastenden Schulden von rund 5 Milliarden Mark als »Peanuts« bezeichnete, war der Imageverlust für die Deutsche Bank in der Öffentlichkeit im Zusammenhang mit der größten Immobilienpleite nach dem Zweiten Weltkrieg noch größer als nach dem Zusammenbruch der Metallgesellschaft (1993) und der Klöckner-Humboldt-Deutz (1996). Finanzielle Verluste in dreistelliger Millionenhöhe mußte die Deutsche Bank in beiden Skandalen hinnehmen. Sie war in beiden Unternehmen Großaktionär, ihre Vertreter saßen in den Aufsichtsräten und hatten das Mißmanagement gedeckt.

Die Großbanken »umhegen ihre Großkunden durch ein raffiniertes System von ca. 750 Beiräten. Alles, was Rang, Namen, Einfluß und Geld hat – auch aus der Politik –, wird in Beiräten und Regionalbeiräten, geographisch gesplittet bis hinunter in kleinere Städte und entferntere Regionen, gehätschelt und gepflegt – zum Wohle der Bank.«[37] Die Politiker, auch höchste Regierungsstellen haben die Nähe zu den Großbankiers – speziell zu den Deutsch-Bankern stets gesucht. Konrad Adenauer wurde von Hermann Abs so stark beeinflußt, daß er ihn zum Außenminister machen wollte. Abs zählte bereits während der Nazizeit zur Eminenz des deutschen Geldadels, war von 1938 bis 1945 sowie von 1952 bis 1967 Vorstandsmitglied der Deutschen Bank, er lehnte das gehalts- und machtmäßig unlukrative Angebot ab. Seine Nachfolger als Sprecher des Vorstands, Karl Klasen (1967–1969), der spätere Bundesbankpräsident, und Franz Heinrich Ulrich (1967–1976), berieten die SPD-Kanzler Willy Brandt und Helmut Schmidt, Vorstandssprecher Friedrich Wilhelm Christians (1976–1988) und Wilfried Guth (1976–1985) fungierten ebenfalls als Wirtschaftsberater Helmut Schmidts. Vorstandsvorsitzender Alfred Herrhausen war bis zu seiner Ermordung 1989 erster Berater Kanzler Kohls. Heute ist Hilmar Kopper wichtigster Berater der Bonner Regierung.[38] Daß sich die Machtverhältnisse zwischen Politik und Management in den letzten Jahren verkehrten, ist ein offenes Geheimnis.

Kopper, seit Juni 1997 Vorsitzender im Aufsichtsrat der Deutschen Bank, hat auch im Aufsichtsrat bei Daimler den Vorsitz inne, dort trifft er »mehrmals im Jahr seine Ko-Kontrolleure Manfred Schneider (Bayer-Chef) und Ulrich Hartmann (Veba-Chef), die er dann bei Bayer und Veba als Aufsichtsrat aus anderer Perspektive wiedersieht. Mit Schneider sitzt er auch noch gemeinsam im Aufsichtsrat von RWE, mit

Hartmann bei der Münchener Rück. Bei vier Treffen jährlich pro Aufsichtsrat sieht er die beiden also jeden Monat.«[39]

Gegen die Deutsche Bank und die Allianz-Versicherung läuft in der deutschen Industrie kaum etwas. Wer mag sich schon im Aufsichtsrat mit Hilmar Kopper oder Allianz-Boß Henning Schulte-Noelle anlegen? Schließlich kann die Bank die Aktien eines Konzerns »untergewichten«, damit kurzfristig merkliche Kursverluste heraufbeschwören und weitere Kreditentscheidungen beeinflussen.

Wilfried Guth traf den Nagel auf den Kopf, als er das Management in den modernen Industriegesellschaften mit einer »gemischten Raubtiergruppe« verglich. Diese Herren kämpfen aggressiv jeder gegen jeden, schließlich geht es um die besten Plätze an der Futterkrippe. Nur wer fit ist, sprich wettbewerbsfähig, wird Höchstgewinne für die Aktionäre erzielen und die eigene Gier nach Riesengehältern stillen können. Zugleich eint sie das Streben nach Profit – die »stärkste, universellste und konstanteste Antriebskraft unternehmerischen Verhaltens«. Wer vor dem kommenden »Regime der Manager« warnte wie James Burnham 1941 oder John Kenneth Galbraith in den sechziger Jahren[40], wurde weder von den alten Kapitaleignern noch von den Kleinaktionären oder den Belegschaften allzu ernst genommen. Dabei hatte deren Entmachtung bereits begonnen. Auch der konservative Wirtschaftswissenschaftler Milton Friedman prognostizierte 1962: »Es gibt nur wenige Tendenzen, die das Grundgefüge unserer freien Gesellschaftsordnung so nachhaltig unterminieren könnten wie das Bestreben von Führungskräften der Großbetriebe, andere soziale Verantwortung zu übernehmen als lediglich die Aufgabe, für ihre Aktionäre soviel Geld wie möglich zu verdienen.«[41] Die Kosten werden der Sozialgemeinschaft aufgebürdet, der Staat – jeder einzelne Bürger – zahlt für die Arbeitslosen infolge von Rationalisierung und »Lean Production«, die Profite jedoch fließen in die Taschen weniger. Daß diesem Geist Schranken gesetzt werden müssen, ist keine akademische oder parteipolitische Streitfrage, sondern ein existentielles Problem der ganzen Gesellschaft.

Je komplexer sich Planung und Produktion entwickelten und je größere Eigendynamik die Technologieentwicklung bekam, um so mehr nahm die Bedeutung der Ressourcen Kapital und Arbeit ab. Dafür wurden Information und Wissen immer wichtiger, ja zum entscheidenden Faktor für Produktivität und Marktbeherrschung. Parallel dazu eroberte das Management die Verfügungsgewalt über die Wirtschaft. Mittlerweile sind die anderen Mitspieler an Entscheidungsprozessen im Wirtschaftsleben, die alten Kapitaleigner und die Belegschaften, ausgeschaltet. Eigentümerunternehmer vom Schlage eines Henry Ford, J. Rockefeller, J. P. Morgan, Flick, Krupp, Stinnes waren Autokraten, Exzentriker, machthungrig, also weder sympathisch noch sozial eingestellt, auch wenn einige von ihnen Kunstsammlungen oder Stiftungen gründeten. Diesen Herren kamen zwar nicht sämtliche Nebenwirkungen, doch die Risiken teuer zu stehen, sie hafteten mit ihrem eigenen Vermögen. Manager dagegen setzen meist »nur« die Existenz anderer aufs Spiel, wenn sie das Falsche tun. Mitunter mögen Tausende Arbeitsplätze verlorengehen oder ganze Regionen weiter veröden, weil sie ihre Hausaufgaben nicht erledigen, ihren Posten kostet's fast immer erst, wenn sie dabei kriminelle Energien entwickeln.

In Deutschland kontrolliert heute eine Gruppe von kaum 200 Personen über ein kompliziertes Netzwerk den größten Teil der deutschen Industrie einschließlich der Finanzwirtschaft. Wie bereits geschildert, begegnen sich die Herrschaften häufig, mal in den Vorständen ihrer eigenen Unternehmen und deren Tochtergesellschaften, mal in den Aufsichtsräten befreundeter Banken, Versicherungen oder Industriekonglomerate. Deutsche Unternehmen waren lange Zeit unter der Haube der Großbanken vor feindlichen Übernahmen sicher, aber Mitte der 80er Jahre begann eine »beispiellose Konzentrationswelle« in der Bundesrepublik. Ich möchte hier nur einige der wesentlichen Großfusionen bzw. Übernahmen aufzählen: Daimler-Benz übernahm nacheinander MTU, Dornier und die AEG. MBB (Messerschmidt-Bölkow-Blohm – damals wichtigster deutscher Rüstungskonzern) erlangte die Vormachtstellung bei Krauss-Maffei; Rheinmetall erwarb die Pierburg-Gruppe, Mannesmann die Sachs AG. Die Aachener und Münchener Versicherungsgruppe erzielte die Mehrheit an der Bank für Gemeinwirtschaft, die Allianz Versicherung ein Mehrheits-Aktienpaket am Gutehoffnungshütte-Konzern etc.[42]

Viele Fusionen hatten auch internationalen Charakter: Volkswagen kaufte 75 Prozent der spanischen SEAT-AG sowie 1990 60 Prozent der tschechischen Skoda-Gesellschaft und wurde dadurch zum größten europäischen Automobilkonzern; Daimler-Benz beteiligte sich am französischen Rüstungskonzern Matra; die Deutsche Bank kaufte die Banca d'America et d'Italia mit ca. 100 Filialen in Italien auf. Die Bertelsmann Verlagsgruppe erwarb den New Yorker Doubleday Verlag und große Teile der RCA-Ariola und wurde zum damals größten Medienkonzern der Welt. Hoechst übernahm den US-Faserproduzenten Celanese und wurde zweitgrößter Chemiekonzern der Welt. BASF kaufte den US-Konkurrenten Immont, Siemens die Tel Plus Communication Inc. Der führende bundesdeutsche Reifenhersteller Continental stieg beim amerikanischen Reifenkonzern General Tire ein. Die Tengelmann-Gruppe akquirierte die US-Handelskette Waldbaum usw. usw.[43]

Bei dem Konzentrationsschub der 80er Jahre waren die Großbanken und die industriellen Spitzenkonzerne führend: Die 100 größten Unternehmen der Bundesrepublik waren 1984/85 an 402 von 1284 beim Bundeskartellamt gemeldeten Fusionen, das heißt an einem knappen Drittel beteiligt. Allein drei Unternehmen hatten sich in diesen beiden Jahren 92 andere Unternehmen angegliedert: die VEBA

39, die Deutsche Bank 29 und Siemens 24. Daimlers Erwerb der Aktienmehrheit bei der AEG stellte den größten Firmenzusammenschluß in der Geschichte der Bundesrepublik dar.[44]

Durch diese Elefantenhochzeit sowie die nur wenige Monate zuvor erfolgte Übernahme von MTU und Dornier und die Fusion mit dem Rüstungs- und Luftfahrtkonzern MBB im Jahre 1989 wurde Daimler-Benz zum größten Industriekonglomerat der Bundesrepublik (380000 Mitarbeiter), zum drittgrößten der EG, zum neuntgrößten der Welt. Gleichzeitig weitete sich der Einfluß der Deutschen Bank, die bei Daimler damals mit einem Aktienpaket von 28 Prozent dominierte (1997 rund 23 Prozent), auf drei weitere aus dem Kreis der 100 Spitzenunternehmen der Bundesrepublik aus.[45]

Die wirtschaftliche Macht der Deutschen Bank hatte durch die von ihr lancierten und angetriebenen Daimler-Übernahmen einen Höhepunkt erreicht. Sie war bis 1997 die zweitgrößte Bank der Welt, die fusionierte UBS – United Bank of Switzerland – verdrängte sie (zeitweise?) auf den dritten Platz. Noch größer ist nur die Bank of Tokyo-Mitsubishi.

Nicht nur daß Daimler durch die Übernahmen zum überragenden Koloß der deutschen Industrie wurde – er katapultierte die bereits vorher übermächtige Deutsche Bank auch zu einer »Nebenregierung«, ohne die in Bonn keine wirkliche Politik mehr gemacht werden konnte. Die Manager der Großbanken haben es mit der Konzentration, Verflechtung und Unkontrollierbarkeit ihrer Machtausübung und Herrschaft am weitesten getrieben. Sie haben in ihrer Machtakkumulation – wenn auch nicht in den Gehältern und Aktienoptionen – sogar die amerikanischen und britischen Topmanager weit überflügelt. Das gilt bis heute. Daimler-Benz wurde auf diesem Wege die wichtigste Industrieabteilung der Frankfurter Großbank. Der damalige Vorstandschef der Deutschen Bank, Alfred Herrhausen, war zudem seit 1985 Aufsichtsratsvorsitzender der Daimler-Benz AG (diese Aufgabe übernahm nach dessen Ermordung 1989, wer wohl, Hilmar Kopper).

Mit den Daimler-Übernahmen von AEG und MBB verstieß das Konglomerat Deutsche Bank/Daimler gegen alle gesetzlichen Regeln einer Machtkonzentration, die in marktwirtschaftlichen Ordnungen befolgt werden sollten. In den USA verhindert die »Anti-Trust-Gesetzgebung« eine derartige Machtzusammenballung und Wettbewerbsverzerrung.

Mitte der 80er Jahre hielten sich die Kurse an der Wall Street relativ stabil. Nur wenige Aktien reüssierten an der Börse. Doch als Investmentbanker und Börsenspekulanten herausfanden, daß die tatsächlichen Substanzwerte der US-Konzerne – Produktionsanlagen, Immobilien, stille Reserven etc. – größtenteils weitaus über den Börsennotierungen lagen, kam die Geburtsstunde der Corporate Raiders (Unternehmensjäger): Spekulanten, die sich, im Verbund mit mächtigen Geldgebern aus dem Wall-Street-Investment-Banken-Milieu, auf die »feindlichen Übernahmen« von Unternehmen (Hostile Takeovers) kaprizierten. Die nur scheinbar – vom Aktienkurs her gesehen – wertlosen Firmen wurden an der Börse aufgekauft und danach ausgeweidet. Die Idee der Unternehmensjäger war einfach: Sie mußten sich nur irgendwo genügend Geld leihen, um ihren Beutezug zu finanzieren. Wegen ihres Insiderwissens konnten sie schneller als andere nach Unternehmen mit hohem Substanzwert und niedrigem Aktienkurs Ausschau halten, um sie dann zu fleddern. Dabei kauften sie die unterbewerteten Aktien auf Pump – das heißt mit sogenannten Billig-Anleihen (Junk Bonds), die allein der Finanzierung von feindlichen Übernahmen dienten. Dann übertrugen sie die aufgenommenen Pumpkaufschulden auf das erbeutete Unternehmen und zwangen dessen Geschäftsführung, mit der

Situation fertig zu werden – entweder durch Rationalisierung oder durch Verkauf von Unternehmensteilen (»Fix it or sell it«). Ganze Branchen drohten dabei ausgelaugt zu werden.[46]

War ein Unternehmen übernommen, konnte durch Rationalisierung, Entlassungen, Immobilienverkäufe und das Losschlagen von Tochterfirmen der Kaufpreis finanziert werden. Und es stieg der Aktienkurs an der Börse. Dabei blieben viele Millionen Dollar als Beuteprämie für die Unternehmensjäger übrig. Die bekanntesten unter ihnen waren die Amerikaner Michael Milken (Investment Manager und Börsenspekulant), Ivan Boesky (Börsenspekulant), Henry Kravis (Topmanager der Kohlberg-Kravis-Roberts Investment Bank), Donald Trump (Immobilienzar, Hotelkettenbesitzer und Börsenspekulant) und der Brite Sir James Goldsmith (Großaktionär und Börsenspekulant).[47] Michael Milken zum Beispiel erzielte bei feindlichen Übernahmen über 50 Millionen Dollar als Prämie. Hunderttausende von Arbeitnehmern wurden entlassen.

Die größte feindliche Unternehmensübernahme der US-Wirtschaftsgeschichte wurde Ende 1988 von Henry Kravis von der Investment-Bank Kohlberg Kravis Roberts (KKR) getätigt. Kravis kaufte an der Börse über Junk Bonds die Nabisco-Aktien für 25 Milliarden Dollar auf. Als KKR die Aktien besaß, übereignete Kravis sofort alle für den Nabisco-Kauf aufgenommenen Junk-Bond-Schulden – rund 20 Milliarden Dollar – an Nabisco selbst. Die Firma war also mit ihrem eigenen Geld gekauft worden, und ihre Geschäftsführung mußte damit nun fertig werden. Nabisco-Chef Louis Gerstner mußte bis Februar 1990 viele Unternehmensanteile aus dem Konzern verkaufen, um mit dem Verkaufserlös eine erste Tranche von sechs Milliarden Dollar Schulden zu bezahlen. Zudem mußte Nabisco wegen der von KKR aufgenommenen Kredite allein 1989 rund 3,5 Milliarden Dollar Zinsen zahlen. Gerstner verordnete deshalb erhebliche Sparmaßnahmen, Lohnsenkungen, Entlassungen und eine weitere Schrumpfung des Konzerns.[48]

Mit solchen an die Mafia erinnernden Methoden bedrohten die Übernahmepiraten Großunternehmen aus allen US-Wirtschaftszweigen. Allein in den ersten neun Monaten des Jahres 1989 übernahmen Raiders mehr als 3600 Firmen für insgesamt rund 250 Milliarden Dollar.[49] Sie fügten der amerikanischen Wirtschaft schweren Schaden zu, verbreiteten Furcht und Schrecken in »Boardrooms« und bei den Belegschaften. Damit hatten sie den Bogen überspannt, und die Stimmung im Lande wendete sich gegen die Unternehmensjäger, selbst die Investmentbanken, die an den Übernahmegefechten so grandios verdient hatten, distanzierten sich allmählich.

5. Die Angebotswirtschaft

Aber die 80er Jahre waren nicht nur durch eine beispiellose Konzentrationswelle und feindliche Übernahmen gekennzeichnet, sondern auch durch eine beispiellose neue Wirtschaftstheorie: die sogenannte »Angebotswirtschaft« (Supply Side Economics). Diese geistige Großkopf-Theorie, auch »Reaganomics« genannt, entstand teilweise in Kalifornien. In der »School of Economics« an der University of Southern California in Los Angeles arbeitete ein jüngerer Wirtschaftsprofessor, wohlausgestattet mit einem Stipendium, an seinem Werk »Wealth and Poverty« (1981). Sein Name: George Gilder. Er wurde zum Guru der US-Supply-Side-Manager in den 80er Jahren. Diese Manager hatten die Angebotswirtschaft bereits Ende der 70er Jahre erfunden, nachdem die Wachstumsraten der US-Wirtschaft stagniert hatten. Schuld daran sei, so die Manager, die »Neo-keynesianische Nachfragewirtschaft«, die der Nachfrage und damit dem Wirtschaftswachstum selbst durch staatliche Interventionen, Lohnerhöhungen und Arbeitslosengeld keine neuen Impulse mehr geben könnte. Die Nachfrageseite wäre ausgereizt, behauptete Gilder, die Neo-Keynesianer hätten es weder vermocht, die Massennachfrage nach Konsumgütern zu steigern noch neue Bedürfnisse zu wecken. Deshalb müsse man nun die Angebotsseite durch die Schaffung neuer Bedürfnisse, neuer Produkte, durch großangelegte Werbekampagnen, neue Rationalisierungsverfahren stimulieren, denn ohne ständiges, unbegrenztes Wirtschaftswachstum könne der Kapitalismus nicht existieren.[50]

Die Angebotswirtschaft sollte die große »Wende«, sprich enorme Wachstumszuwächse und somit Superprofite erbringen. Zugleich sollten existierende »wachstumsschädigende« Umweltgesetze beseitigt werden. Durch die Ankurbelung der Angebotsseite wollte man noch mehr und noch schneller Güter auf den Markt werfen als bisher, für die weder Nachfrage noch Bedarf bestand, wenn man diese nicht durch ein Super-Angebot, Super-Werbung und Super-Kredite künstlich geweckt hätte. Denn die Bedürfnisse der Menschen, so Gilder, seien ja unendlich.[51]

Diese Methode war eindeutig antiökologisch und bewirkte einen noch schnelleren Abbau von Rohmaterialien und einen höheren Verbrauch fossiler Energiequellen. Zudem ließ die Angebotswirtschaft in den 80er Jahren mit den einhergehenden beschleunigten Konzentrationswellen, feindlichen Übernahmen und der Überbetonung der Großtechnologie ohne gleichzeitige umfassende Arbeitszeitverkürzung die Arbeitslosigkeit viel drastischer steigen als in den 60er und 70er Jahren (zum Beispiel 1987 in den USA 10 Prozent, in Großbritannien 13 Prozent, in der BRD 9,7 Prozent). Die Protagonisten der Nachfragewirtschaft sahen eine Arbeitslosigkeit von zwei bis vier Prozent als normal, als »Vollbeschäftigung« an, während die der Angebotswirtschaft eine Arbeitslosigkeit von acht bis zehn Prozent für »normal« hielten.[52]

Die Vertreter dieser neuen Wirtschaftsmethode, Manager

wie wissenschaftliche Apologeten, versäumten es auch, den Begriff des Wachstums zu qualifizieren. Sie hatten (oder wollten es nicht haben) kein Verständnis für die ökologischen Dimensionen ihres Wirtschaftens. Es gehört(e) geradezu zum Markenzeichen ihres Wirkens, der Abhängigkeit des Menschen von der Natur keine Beachtung zu schenken. Ihre theoretischen, mathematisch-quantitativen Modelle beschreiben nur Teilaspekte der wirtschaftlichen Aktivitäten und beruhen auf stillschweigend vorausgesetzten neoklassischen Vorstellungen.

Die Anhänger der »Supply Side Economics« haben nie wirklich Adam Smith' und David Ricardos Modelle des »vollkommenen Wettbewerbs«, des freien Marktes, reguliert allein durch den Preis als »unsichtbare Hand«, aus der Zeit des Frühkapitalismus überwunden. Mit ihnen versuchen sie in abgewandelter Form noch immer die Moderne zu beschreiben. In ihren Berechnungen des Bruttosozialprodukts und der Wachstumszuwächse sind Nebensächlichkeiten wie zum Beispiel die Schäden an der Umwelt, an den Ökosystemen nicht berücksichtigt.

Die »Wende«-Manager und ihre Universitätsideologen – insbesondere in den USA und Großbritannien – lehnten jegliche Intervention des Staates in den »freien Markt«, in das Wirtschaftsgeschehen ab. Sie wollten fast das gesamte staatliche Sozialversicherungs- und Wohlfahrtssystem abschaffen. Es galt ihnen als ungerechtfertigte Umverteilung des nationalen Wohlstandes und als wettbewerbsbeschränkende Erhöhung der Produktionskosten. Sie propagierten vielmehr, daß die Früchte ihres Modells schließlich bis nach unten »durchsickern« (Trickle Theory) und auch noch den »niedrigsten Einkommensschichten zugute kommen« würden. Denn selbst diese würden am Ende an den produzierten Massengütern wegen »stetiger Preissenkung« partizipieren können.[53]

Die »befreiten« Großunternehmen, so George Gilder, werden durch die Möglichkeit neuer Investitionsschübe, neuer Absatzmärkte, durch die von ihnen gänzlich neu entdeckten Bedürfnisse der Konsumenten, das »größtmögliche Glück für die größtmögliche Zahl« erreichen können. Man sollte sie auch kaum besteuern, denn sie dienten dem »Gemeinwohl«. Die »hervorragenden Innovationen« der Konzerne rechtfertigten schließlich die Riesenprofite, die Supergehälter der Manager und deren extravagante Privilegien. Man solle auch nicht vergessen, daß letztere der treibende Motor des Systems seien. Die Armen und Arbeitslosen aber, die nach Gilder und anderen zur Innovation oder zum produktiven Partizipieren am System – auch wegen Faulheit oder Apathie – zumeist sowieso nicht taugten, sollten gar nicht oder nur geringfügigst vom Staat unterstützt werden, bis Handlangerjobs für sie zur Verfügung stünden. Sie müßten eben so lange warten, bis die letzten Krumen des Systems auch zu ihnen durchrieselten.[54]

In den Reaganomics-Managern und ihrem Gilder finden wir die Vorläufer des heutigen Turbokapitalismus. Auch die Angebotswirtschaft der 80er Jahre demonstriert, daß die moderne Wirtschaft eine Erfindung des Managements ist und nicht umgekehrt. Das stellte sich nur einmal in diesem Jahrhundert etwas anders dar – und zwar während der Zeit des New Deal.

Die »soziale Marktwirtschaft« bzw. das »rheinische Modell« – eine Humanisierung des Kapitalismus – wurde nach dem Zweiten Weltkrieg von den Managereliten nur akzeptiert, weil sie selbst soziale Revolutionen oder Systemveränderungen in ihren Ländern befürchteten. Sie mußten in Westeuropa – besonders am Schnittpunkt zur UdSSR – zeigen, daß das »westliche System« nicht nur Freiheit bot, sondern dem östlichen an Kaufkraft und Lebensqualität der Massen überlegen war. Nach dem Zusammenbruch des großen Systemfeindes Sowjetunion hat dieses »kleinere Übel« nun aber ausgedient. Der »Kapitalismus pur« braucht die soziale Maskierung nicht länger.

Wie sehr die Supply-Side-Manager in den 80er Jahren dem Gemeinwohl dienten, können wir einer Studie der »NEW YORK TIMES« vom März 1992 entnehmen, die auf den Zahlen und Statistiken des US-Finanzministeriums und des »Congressional Budget Office« für die Jahre 1977 bis 1989 basiert. Ihr Fazit lautet: »The rich have been getting richer ... all the 1980s' wealth has mainly gone to the richest one percent of Americans.«[55]

Bei ihren Untersuchungen fand die »NEW YORK TIMES« heraus: Ein Prozent aller amerikanischen Haushalte, das heißt die reichsten 600000 Familien mit einem jährlichen Einkommen von mindestens $ 320000, sahnten von 1977 bis 1989 zwei Drittel des nationalen Einkommens ab. Während das gesamte Einkommen aller 60 Millionen amerikanischer Haushalte in den oben genannten Jahren auf $ 740 Milliarden anstieg, erhöhte sich das Gesamteinkommen der Top-ein-Prozent (600000 Familien) auf mehr als $ 550 Milliarden (also drei Viertel). Zur gleichen Zeit befanden sich in den USA 76 Prozent aller Aktien in den Händen von rund einem Prozent der Aktionäre. Am unteren Ende der sozialen Pyramide verfügten 50 Prozent aller US-Bürger nur über 8 Prozent des gesamten Wohlstands der Nation.[56]

Selbstverständlich haben von diesem einen Prozent wieder die Topmanager am meisten vom »nationalen Wohlstand« in den 80er Jahren profitiert. Hier nur einige Beispiele: 1988 erzielte der Vorstandsvorsitzende von Reebok International USA, Paul Fireman, ein Einkommen von $ 11,4 Millionen – Stock-Option-Gewinne (Gewinne aus Vorzugsaktien) mit eingerechnet. Und Chryslers CEO Lee Iacocca erhöhte 1988 sein Jahreseinkommen – Stock-Option-Gewinne inbegriffen – auf mehr als $ 20 Millionen. Als man ihn fragte, ob er sich nicht für die US-Präsidentschaftswahlen aufstellen lassen wolle, lehnte er dankend ab. Das hätte seinen Wohlstand geschmälert.[57] Der US-Präsident bezog ein Jahresgehalt von $ 200000.

1989 kassierte Anthony O'Reilly, der CEO von Ketchup-Hersteller Heinz, ein Jahreseinkommen von $ 38,5 Millionen. Michael Eisner ließ sich seinen Direktorenposten bei Walt Disney mit $ 11,2 Millionen vergüten und John Sculley, CEO bei Apple Computer seit 1983, mit »mageren« $ 3,5 Millionen (Stock-Option-Gewinne immer eingerechnet).[58] Dazu Dale Hanson, Chef von »CALPERS« (California Public Employees Retirement System), einem der größten privaten Pensionsfonds der USA: »Unsere CEO werden wie Pharaos behandelt. Aktionäre und Arbeitnehmer fangen an zu fragen: Wer kümmert sich hier eigentlich um den Laden.«[59]

In einer Zeit, in der von den US-Arbeitnehmern generell gefordert wird, ihren Gürtel enger zu schnallen, und »die Geschäftsführungen der großen Konzerne die Löhne ihrer Belegschaften absenkten«, so der Wirtschaftsprofessor der Columbia University Donald Hambrick, »versuchen unsere CEO einander zu übertreffen. Was wir heute erleben, ist ein Kreis von CEO, die sich gegenseitig mit ihren Einkommen nach oben spiralen. Das ist ihr neuer Wettbewerb.«[60]

War die Angebotswirtschaft geprägt durch eine beispiellose Konzentrationswelle (in Deutschland), durch feindliche Übernahmen (in den USA), durch zunehmende Arbeitslosigkeit und ständig steigende Managergehälter, so zeichnet sich der Turbokapitalismus nach dem Zerfall der Sowjetunion durch eine radikale globale Automatisierungswelle, Besessenheit von der Wettbewerbsfähigkeit, Massenarbeitslosigkeit, Shareholder Value und ungezügelte Gier der Topmanager aus.

Paul Krugman (Wirtschaftsprofessor am Massachusetts Institute of Technology) warnt: »Die soziale Ungleichheit hat Ausmaße angenommen, wie wir sie nur vor dem New Deal kannten. Aber vielleicht hatte der New Deal die Reichen nur in den Untergrund getrieben. ... Die ganze Gesellschaft ist in einer Abwärtsspirale, in der wachsende Ungleichheit die Bedingungen für immer schlimmere Ungleichheit schafft.«[61]

In Großbritannien lagen in den 80er Jahren die durchschnittlichen Einkommen der Topmanager zwar niedriger als in den USA, doch auch die britischen Spitzenkräfte waren allesamt mehrfache Millionäre und Anteilseigner (Aktienbesitzer). Nach den Untersuchungen des britischen Arbeitsministeriums aus dem Jahre 1989 hatte sich zum Beispiel die Anzahl britischer Vorstandsdirektoren, die ein jährliches Einkommen (»Salary plus Bonus«; Bonus = Gewinne aus Vorzugsaktien) von 700000 Dollar erwarben, im Jahre 1988 um 40 Prozent erhöht.[62]

Das heißt: zu einer Zeit, in der Großbritannien eine Arbeitslosigkeit von weit mehr als 10 Prozent verzeichnete und die Regierung Thatcher nicht willens war, einer 7prozentigen Lohnerhöhung für Industriearbeiter zuzustimmen, hatten sich die Gehälter der Topmanager durchschnittlich um 100 Prozent erhöht. Dabei erzielte Lord King als Vorstandsvorsitzender bei British Airways und Vorstandsmitglied (Non-Executive) bei FKI-Babcock insgesamt ein Jahresgehalt von 1,25 Millionen Dollar (Salary plus Bonus). William Brown, Vorstandsdirektor von Walsham Brothers (Investment Bank), steckte sich 1988 ein Jahreseinkommen von 3 Millionen Dollar (Salary plus Bonus) in die Tasche.[63] Diese Aufzählung ließe sich fortsetzen.

Selbst die erzkonservative Maggy Thatcher (Jahresgehalt als Premierministerin: 82300 Dollar), eine fanatische Anhängerin der Angebotswirtschaft, kritisierte die Gehaltserhöhungen der britischen Spitzenmanager aufs schärfste und zweifelte an der »Moral dieser Privilegien«, die ihrer Meinung nach in keinem Verhältnis zur gesamtwirtschaftlichen Lage und der nationalen Einkommensskala stünden. Originalton Thatcher: »I am appalled over the mega-rewards being handed out in British boardrooms. They are unjustified by the executives' performance ... and they set a bad example for fighting unemployment and inflation.«[64]

Die deutschen Manager fanden sich in den 80er Jahren nach einer Studie der New Yorker Unternehmensberatungsfirma Towers Perrin und einer Rangliste des US-Wirtschaftsmagazins »FORBES« international auf dem zweiten Platz hinter den USA und knapp vor Großbritannien. »Keiner der Topmanager der Nation«, so »FORBES«, »geht unter 1 Million Mark Jahresgehalt ans Werk.« Doch absolute Spitzenmanager wie Carl Hahn (VW), Edzard Reuter (Daimler-Benz) oder Alfred Herrhausen (Deutsche Bank) erzielten in diesem Zeitraum Jahresverdienste von ungefähr 1,5 bis 3,5 Millionen Mark.[65] Der deutsche Bundeskanzler Helmut Kohl bezog in diesem Zeitraum ein Jahresgehalt von 341 000 Mark.

»Corporate America« transferierte den Kult um die Aktie in die 90er Jahre hinein. Die Furcht vor der Entmachtung durch eine neue Welle von feindlichen Übernahmen hält die US-Wirtschaftselite in Atem, sie strebt eisern nach hohen Börsenwerten, damit Aktionäre mehr als zufrieden bzw. nicht mehr willens sind, die Aktien einfach abzustoßen. Shareholder Value – auf deutsch: Wertsteigerung für den Aktionär – wurde zur Religion für erfolgreiches Management in den 90er Jahren, genauso wie Wettbewerbsfähigkeit. Der Börsenkurs gilt seitdem als Aushängeschild eines erfolgreichen Unternehmens.

Die Kapitalmärkte werden mit jedem Tag globaler. Seit einiger Zeit werden Aktien deutscher Großkonzerne wie Telekom, Siemens oder Daimler-Benz an der New Yorker Börse gehandelt, während 40 Prozent aller Geldanleger an der Frankfurter Börse Ausländer sind – zumeist japanische Großbanken, britische Investmentbanken, US-Pensionsfonds. Anfang 1997 haben bereits – nach den Untersuchungen des Münchner Büros der internationalen Unternehmensberatungsfirma LEK – ein Viertel der 250 größten deutschen Konzerne die Steigerung des Shareholder Value zum wesentlichen Unternehmensziel erklärt.[66] Daimler-Benz-Chef Jürgen Schrempp oder VEBA-Vorstandsvorsitzender Ulrich Hartmann gelten hierzulande als die exponiertesten Protagonisten dieses Kults.

Die neue Manager-Generation betrachtet Arbeitnehmer nur noch als Kostenfaktor, den man dezimieren muß. Sie werden skrupellos ausgebeutet, weder die Anhebung *ihrer* Einkommen noch die Sicherheit *ihres* Jobs interessiert die Bosse, im Gegenteil: der Verlust Tausender Arbeitsplätze wird einkalkuliert – um der Rendite willen. Es geht schließlich um Effizienz, nicht um Gerechtigkeit. Topmanager handeln nicht in politischen Kategorien, sie reden heute wie Börsenspekulanten, ihre Aufmerksamkeit gilt dem globalen Markt, sie wollen Global Player sein, nicht mehr auch für ihre Belegschaft verantwortliche Lenker; um die Volkswohlfahrt soll sich der Staat kümmern.

Der Aktienkult zeitigt oft verheerende Ergebnisse, denn je höher die Kurse, die Gewinne und die Managereinkommen steigen, desto mehr Arbeitnehmer werden entlassen. Zwischen 1986 und 1996 bereicherten die zehn erfolgreichsten US-amerikanischen Konzerne ihre Aktionäre um weit mehr als 300 Milliarden Dollar.[67] Der im Oktober 1997 gestorbene Coca-Cola-Chef Roberto Goizueta und General-Electric-Chef Jack Welch zählten zu den erfolgreichsten Geldvermehrern ihrer Aktionäre im letzten Jahrzehnt. Sie trieben dabei zugleich ihre eigenen Gehälter durch die von ihnen geforderten Aktienoptionen hoch. Die europäischen Manager zogen nach.

Als Vorbild gilt den deutschen Spitzenmanagern Jack Welch, der CEO von General Electric. Dieser Mann ist so etwas wie der Hohepriester der Shareholder-Value-Sekte. Als Boß eines der größten Konzerne der USA herrscht er über ein weitverzweigtes Imperium von Elektronik- und Haushaltsgerätefabriken, Turbinenwerken und Fernsehsendern. Seit Jahren treibt Welch Aktienkurse und Gewinne seines Konglomerats mit einer einfachen und zugleich radikalen Strategie nach oben: Rendite rauf – oder dichtmachen bzw. verkaufen. Wenn ein Geschäftsbereich von General Electric (GE) nicht auf Dauer weltweit die Nummer eins oder zwei auf dem Markt werden kann, trennt sich Welch davon.

In den letzten Jahren reduzierte Boß Welch die Zahl der Beschäftigten bei General Electric von mehr als 400 000 auf die Hälfte. Durch den Einsatz modernster Robotertechnik hat Welch ganze Fabrikhallen entvölkert. So machte er das Unternehmen schlank (»Downsizing«) und gewinnträchtig und forderte zusätzlich zu seinem Riesengehalt immer größere Bonuszahlungen (zum Beispiel Aktienoptionen). Seine Ankündigungen von Stellenstreichungen lösten regelmäßig große Kurssprünge der GE-Aktie nach oben aus. So wurde »Humankapital« auf dem Altar von Kursgewinnen geopfert. Bei den US-Gewerkschaften allerdings kann Welch nicht punkten. Unter Anspielung auf die Neutronenbombe – die Menschen tötet und Gebäude verschont – nennen sie ihn »Neutronen-Jack«.[68]

Auch bei uns entvölkern beschleunigte Technologieerneuerung – insbesondere der Einsatz von Robotern und Computern –, Downsizing und Shareholder Value die Fabriken. Doch anders als die USA verfügt Deutschland *noch* über einen Wohlfahrtsstaat, der die in Fabriken und Büros Ausgesonderten auffängt. Lange wird das soziale Netz unter diesen Belastungen allerdings nicht mehr halten. Längst spüren die sozialen Sicherheitsinstitutionen den Druck. Die Kosten für Arbeitslosenunterstützung haben sich im alten Teil der Bundesrepublik seit 1992 beinahe verdoppelt. Mit jeder schlanken, durchautomatisierten Firma werden die Lasten des Sozialstaats schwerer und die Defizite des öffentlichen Haushalts, das heißt die Staatsverschuldung, noch ruinöser. Wenn die Massenarbeitslosigkeit unvermindert fortschreitet, ist das »Modell Deutschland« bald am Ende.

Doch noch einmal zurück in die USA der 90er Jahre. Dort werden die Managergehälter durch die erwähnten Bonuszahlungen und Aktienoptionen in die Höhe getrieben. Dieses Verfahren hat sich vor wenigen Jahren als Zusatzlohn durchgesetzt. Als die Manager die Aktionäre unaufhaltsam mit ständig wachsenden Forderungen nach Gehaltserhöhungen bedrängten, koppelten die Aktionäre deren Gehälter kurzerhand an den Erfolg. Wer Gewinn und Aktienkurse nach oben trieb, der sollte durch ein Zubrot daran beteiligt werden. Seither erhalten Manager zu ihrem Gehalt Optionspapiere. Die geben den Vorstandsmitgliedern das Recht, Aktien des eigenen Unternehmens nach einer bestimmten Zeitspanne zu einem bestimmten Preis zu kaufen. Je höher der Firmen-Aktienkurs an der Börse notiert wird, um so höher steigt der Bonus des Managers. So wird es mittlerweile auch in Großbritannien und in Deutschland. Dieses Tantiemensystem geht zu Lasten der Dividende der Anteilseigner, da der Bonus aus dem Gewinn bestritten wird.

Auf diese Weise haben sich die amerikanischen Topmanager in den 90er Jahren von der allgemeinen Entwicklung völlig abgekoppelt. Während sie mit aller Macht die Lohnkosten senken, treiben sie selbst skrupellos die eigenen Gehälter in astronomische Sphären. Häufig sind es die erbarmungslosesten Sanierer unter ihnen, die »Downsizer«, die am meisten abzocken. Der CEO der Finanzfirma und Investment-Bank Green Tree, Lawrence Coss, ist der bestbezahlte Manager Amerikas. Er scheffelte 1996 mehr als 102 Millionen Dollar Gehalt plus Bonuszahlungen. Knapp 100 Millionen Dollar kassierte Intel-Boß Andrew Grove im selben Jahr, mehr als 65 Millionen Anthony O'Reilly, der Chef der Ketchup-Firma Heinz. Nie zuvor wurden Manager in den USA so opulent – oder sollte man sagen: »obszön« –

entlohnt. Gegen solche Superverdiener sehen deutsche Topmanager fast wie Bettelknaben aus. 1996 steckte Jürgen Schrempp »nur« drei Millionen Mark ein und Hilmar Kopper rund vier Millionen. Dazu kommen bei beiden allerdings noch die Erträge aus Aktienoptionen.[69]

Pensionsfonds wie CALPERS, Gewerkschaften und kritische Aktionäre in den USA prangern im Internet diese Exzesse an. Dort veröffentlichen sie die Gehälter der Manager. Und wer will, dem rechnet der Computer vor (www.paywatch.org), wie lange gewöhnliche Sterbliche brauchen, um den Jahresbonus oder das Gehalt eines Topmanagers zu verdienen – für Lawrence Coss' Gehalt müßte sich ein US-Fabrikarbeiter zum Beispiel mehr als 5000 Jahre mühen. Mit ihren Millionengagen brechen US-Manager immer wieder alle Rekorde. Die Bezüge der amerikanischen Spitzenkräfte stiegen im Jahre 1996 um 54 Prozent, das heißt weit mehr als die Gewinne der Unternehmen. Im Durchschnitt kassieren die CEO der 500 größten US-Firmen heute ein Gehalt von jeweils rund sechs Millionen Dollar im Jahr, während mehr als 60 Prozent der US-Familien sich seit gut zwei Jahrzehnten mit sinkenden Einkommen abfinden müssen. Noch nie seit der Zeit vor dem New Deal wuchs die soziale Ungleichheit in den USA derart rapide an, drifteten Arm und Reich derart auseinander. Ein Drittel aller Arbeitnehmer verdienen weniger als 7,28 Dollar die Stunde – und das ohne Krankenversicherung.[70]

1995 fuhr AT&T-Boß Robert Allen einen Sonderbonus von mehr als 10 Millionen Dollar ein, denn er hatte gerade auf einen Schlag 40000 Beschäftigte rausgeworfen, eine der größten Massenentlassungen in der amerikanischen Geschichte. Im gleichen Jahr kassierte der als »Kettensägen Al« verschriene Al Dunlap, CEO bei Scott Paper, Nummer eins im Weltmarkt für Küchen- und Klopapier, fast 100 Millionen Dollar, nachdem er zuvor 11200 Arbeitnehmer gefeuert hatte.[71]

Es wird immer teurer, die Geld-, Macht- und damit auch die Prestigegier der Topmanager zu befriedigen. Dutzende von ihnen horten riesige Optionsdepots, die sie in den nächsten Jahren in Bares umwandeln können: 350 Millionen Dollar vereinnahmte bereits der General-Electric-Boß Jack Welch, eine halbe Milliarde Dollar der Finanztycoon und Investmentbanker Henry Silverman. Der Coca-Cola-CEO Roberto Goizueta hatte mit seinen Optionen ein Aktienvermögen von über einer Milliarde Dollar angehäuft. Der Disney-Vorstandsvorsitzende Michael Eisner sicherte sich kürzlich vertraglich für die nächsten Jahre Aktienoptionen im Werte von 200 Millionen Dollar zu. Sollte Disneys Aktienkurs weiter so steigen wie bisher, wird Eisner bald eine halbe Milliarde Dollar einstecken können. Kritik an ihren astronomischen Gehältern weisen die US-Manager beleidigt zurück. »Was wollt ihr?« meinte einer von ihnen, Charles Sweet von der Unternehmensberatungsfirma A.T. Kearney: »Die USA haben die aufregendste Wirtschaft der Welt«, die hohen Gehälter seien eben der Preis dafür.[72]

Jack Welch, der allein im Jahre 1996 weitere 57 Millionen Dollar Gehalt einstrich, wurde im Juli 1997 vom »SPIEGEL« interviewt. Gefragt, ob es denn gerechtfertigt sei, daß ein normaler Arbeiter in seiner Firma für die gleiche Summe Tausende von Jahren arbeiten müßte, antwortete Welch: »Wir gehen nicht auf die Straße und zwingen Leute mit vorgehaltener Pistole in unsere Fabrikhallen.«[73]

Ende 1997 gab es für die erfolgreichen Börsen-Broker an der Wall Street Prämien in Rekordhöhe, gut eine Milliarde Dollar verteilten die größten Investmentfirmen an ihre eintausend besten Manager. »Es ist schwer zu glauben, aber die meisten sind selbst mit Tantiemen in zweistelliger Millionenhöhe unzufrieden«, kritisierte Roy Smith, Wirtschaftsprofessor an der New York University, früher Mitarbeiter von Goldman Sachs. Der Insider-Slogan laute: »tausend mal eine Million«.[74]

Die Topmanager seien die einzigen, die die Ellbogengesellschaft wirklich verstehen, denn sie hätten sie erfunden, lautete die Antwort von John Kenneth Galbraith auf die Frage, warum Manager so viel Macht, so viele Privilegien, so viel Geld akkumulieren können.[75]

Der Alt-Keynesianer hat recht: Es gibt keine andere Gruppe in der Gesellschaft, die so große Macht, so viele Vorrechte, eine so umfassende Herrschaft unter so geringer Kontrolle mit so wenig Legitimation ausübt wie die Manager. Sie müssen sich nicht wählen lassen wie ihre Gegenspieler in den Unternehmen, Betriebsräte und Gewerkschaftsbosse, sie müssen nicht wie die Regierenden bei Wahlen um ihre Posten bangen. Manager müssen nur Manager kennen, mit denen sie in Vorständen und Aufsichtsräten zusammensitzen, und sich dann gegenseitig zu Topmanagern befördern. Diese Kaste bleibt unter sich, sie muß zur Auffrischung ihres Blutes nicht in eine andere Klasse »einheiraten«.

Die Topmanager kommen sich vor wie das Salz der Erde, sie glauben, ohne sie geht nichts. Aber sind sie wirklich notwendig oder auch nur unvermeidlich, so wie sie sich jetzt verhalten und gebärden?

Der Begründer der neoliberalen Chicago-Schule, Milton Friedman, kennt keine Manager mehr, nur noch »wirtschaftende Personen«, die »letztlich nichts anderes als Marionetten der Marktgesetze« sind. Rosabeth Moss Kanter, Professorin an der höchsten und angesehensten Schule des Managements, der Harvard Business School, kam zu dem Ergebnis, es sei »fast egal, wer der Chief Executive Officer ist«. Wenn die Geschäfte gut gehen, sei er »ohnehin nicht wichtig«. Und wenn es nicht so gut läuft oder schlimm kommt, könnte »selbst der beste Topmanager oft nichts mehr machen«.[76]

Einfaches Resümee: Manager sind überbezahlt, überschätzt, übermächtig und fast überflüssig.

TURBOKAPITALISMUS – EIN KAPITALISMUS OHNE ARBEIT

Ich kenne keine Gesellschaft.
Ich kenne nur Individuen.

Die ehemalige britische Premierministerin Margaret Thatcher in einer Rede vor Tory-Abgeordneten 1991

1. Die Legende von der Globalisierung

Schon 1941stellte James Burnham in seiner berühmten Studie »The Managerial Revolution« fest: »In einer Manager-Gesellschaft sind die Manager der Staat.«[77] Heute, gut 50 Jahre später, ist die Wirtschaftselite in der Tat auf dem besten Wege, unser Leben total zu dominieren.

Das Modell des europäischen Wohlfahrtsstaats hat für sie schlicht ausgedient. Die Manager sind dabei, völlig ungeniert den ungeschriebenen Gesellschaftsvertrag mit ihren Regierungen und Landsleuten zu kündigen, der bislang die soziale Ungleichheit durch progressive Besteuerung und das soziale Netz (Renten-, Arbeitslosen-, Krankenversicherung etc.) in Grenzen hielt. Die soziale Marktwirtschaft mit ihren Korrektiven einschließlich ihrer Formen der Mitbestimmung für abhängig Arbeitende werden als Last angesehen, ausgenommen ist allein die Subventionierung für die Reichen. Was hält die Gesellschaft noch zusammen?

Mit ihrer verqueren sozialdarwinistischen Sichtweise verfolgen die High-Tech-Manager eine Politik, die man nur mit »Krieg den Hütten, Friede den Palästen« charakterisieren kann. »Der Mensch ist des Menschen Wolf« (das überholt geglaubte Menschenbild des homo homini lupus) und »Krieg aller gegen alle« (die Gesellschaft als bellum omnium contra omnes) – diese Maximen dienen ihrer Lebensphilosophie am besten, die schließlich nur eines kennt: Minimierung der Kosten, Maximierung der Profite, Wettbewerber niederkonkurrieren, und zwar um jeden Preis und vollkommen rücksichtslos.

Der 1996 verstorbene amerikanische Kulturhistoriker

Christopher Lasch, ehemals Professor an der University of Rochester, rückte ins Bewußtsein, daß die Expertenelite, die die »menschlichen Kosten der kapitalistischen Produktion« sozialisierte (Ärzte, Psychiater, Sozialwissenschaftler und -fürsorger, Beamte), keine unabhängige Klasse darstellt, »sondern als Zweig des modernen Managements betrachtet werden muß«. Das ausgebaute Management und immer zahlreichere Experten repräsentierten »eine neue Art kapitalistischer Aufsicht, die zuerst in der Fabrik ausgeübt wurde und anschließend die gesamte Gesellschaft erfaßte«, auch das öffentliche Leben und die Kultur.[78] Popkultur, Mode, Hollywoodfilme, Sport, Talk-Shows beweisen uns, wie weit die Manager uns bereits infiltriert haben. Für ihren großen Anteil an der weltweiten Propagierung der neoliberalen Ideologie werden die Stars dieser Branchen und Szenen häufig besser bezahlt als Spitzenpolitiker.

Die fast ausschließlich national organisierten Arbeitnehmer in den postindustriellen Ländern stehen heute einer Internationale der Konzerne und ihrer Manager gegenüber, die mit dem Trumpf der Auslagerung oder Drohung von Auslagerung in Billiglohnländer jegliche Forderung der abhängig Beschäftigten nach sozialer Sicherheit, Unfall- und Krankheitsversicherung, angemessenen Löhnen, Mitbestimmung etc. abbügeln können. Am schlimmsten hat es dabei die amerikanischen Arbeiter und Angestellten getroffen, da die US-Konzerne in der transnationalen Auslagerung von Produktionsstätten sowie im Lohndumping und Abbau des ohnehin reichlich löchrigen sozialen Netzes führend sind. »Die Topmanager Amerikas haben ihren Arbeitern den Klassenkrieg angesagt, und sie haben ihn bereits gewonnen«[79], verkündet der US-amerikanische Ökonom Lester Thurow vom berühmten Massachusetts Institute of Technology (MIT).

Dies zeigte sich auch, als Präsident Clinton, der 1992 mit seiner Frau Hillary angetreten war, um den amerikanischen Massen endlich zu einem für Europäer längst selbstverständlichen allgemeinen Krankenversicherungssystem zu verhelfen, im Kongreß und von Interessengruppen der Wirtschaft zurückgepfiffen wurde. Die US-Konzerne wollten sich an den Versicherungskosten nicht beteiligen. So bleiben rund 40 Millionen Amerikaner weiterhin ohne Krankenversicherung.[80]

Zwar wurde seit Ende der 80er Jahre die Arbeitslosenrate im Kernland des Kapitalismus – zu einem erheblichen Teil durch Teilzeitjobs – stark gesenkt, doch lag das Einkommen von rund 35 Millionen Amerikanern 1989/90 unter der offiziellen Armutsgrenze (Gesamtbevölkerung 1990: 250 Millionen). Damit ist die Rate der »Armut trotz Arbeit« (Robert Reich) viel höher gewesen als jemals sonst nach dem Zweiten Weltkrieg. Offiziellen Angaben der UNO und der Weltbank zufolge gab es 1995 in den USA insgesamt 53 Millionen Arme. »1990 lagen die durchschnittlichen Stundenlöhne amerikanischer Arbeiter ... inflationsbereinigt niedriger als je seit 1965.« Für die Manager der US-Konzerne »hingegen waren die Jahre zwischen 1977 und 1990 eine wahre Goldgrube. Ihre durchschnittlichen Bezüge stiegen in dieser Zeit um 220 Prozent.« Das war 1995 noch genauso! 1990 kassierten Spitzenmanager der 500 größten US-Unternehmen im Durchschnitt jeweils 2,4 Millionen Dollar im Jahr. 1996 strichen die Bosse der 500 größten US-Konzerne durchschnittlich an die sechs Millionen Dollar ein. Allein im Jahre 1996 stiegen die Gehälter der Manager um 54 Prozent. 1987 verdiente ein amerikanischer Arbeiter mit High-School-Abschluß im Durchschnitt 27733 Dollar. Vierzehn Jahre früher, 1973, verdiente jemand mit dem gleichen Abschluß in dem gleichen Job durchschnittlich 31677 Dollar (umgerechnet auf die Kaufkraft von 1987).[81] Das Einkommen (inflationsbereinigt) eines großen Teils der Amerikaner war in diesem Zeitraum tatsächlich um 12 Prozent zurückgegangen.[82] Die Kluft zwischen Arm und Reich wird immer größer – ein Vorgang, der in der Geschichte der USA einzigartig ist.

Robert Reich, einer der führenden US-Volkswirtschaftler, bevor er von 1992 bis 1996 Clintons Arbeitsminister war, kommentierte 1995 dieses »Phänomen« in einem Artikel für die »NEW YORK TIMES« mit den Worten: »Da stimmt was nicht, wenn die Gewinne steigen, die Produktivität wächst, der Aktienmarkt boomt, und gleichzeitig stagnieren oder sinken die Löhne der Arbeiter und Angestellten. Ich will Ihnen sagen, was nicht stimmt: Die Gewinne, die Kurssteigerungen an der Börse und die Produktivitätszuwächse kommen lediglich der Wirtschaftselite und den oberen 20 Prozent der Gesellschaft zugute, die anderen, die Masse, werden von der Elite abgefunden, wie diese es für richtig hält. Der große Rest kriegt das, was die führende Schicht für sie übrigläßt, für sie für angemessen hält. Das ist die neue Umverteilung.«[83]

Zum gleichen Thema erklärte in der gleichen Zeitung selbst der Direktor der US Federal Reserve Bank, Alan Greenspan: »Es ist nicht zu bestreiten, daß die Angst der amerikanischen Arbeiter vor dem Verlust des Arbeitsplatzes, die sich in den USA breitmacht, eine wichtige Rolle bei der Stagnierung der Löhne spielt, weil in der Tat die Arbeiter niedrige oder keine Lohnerhöhungen akzeptieren, um ihren Arbeitsplatz zu erhalten.«[84]

In Deutschland stagnieren die Löhne der abhängig Beschäftigten ebenfalls, während die Gehälter der Manager und die Unternehmensgewinne – wie in den USA – schwindelerregende Höhen angenommen haben. Zwischen 1980 und 1993 (neuere Zahlen liegen nicht vor) legten die deutschen Unternehmensgewinne um netto 251 Prozent zu. Norbert Reuter, Professor an der Universität Aachen, verweist darauf, daß »die durchschnittlichen Arbeitseinkommen im Zeitraum 1980 bis 1995 gerade einmal um 3,1 Prozent« stiegen. Bei einer »Steigerung von 0,2 Prozent pro Jahr« im Mittel könne bei den Arbeitseinkommen – im Gegensatz zu den Unternehmensgewinnen – »von anhaltender Stagnation seit mehr als 15 Jahren gesprochen werden«. Nach Berechnungen der Deutschen Bundesbank (1994/95) »besitzen die oberen 19,5 Prozent der Geldvermögenbesitzer annähernd 74 Prozent des gesamten Geldvermögens, so daß auf die unteren 80,5 Prozent gerade einmal gut 26 Prozent entfallen«[85].

Solche Umverteilung von unten nach oben schafft schon heute die Ein-Fünftel-Gesellschaft – auch bei uns. Obwohl es keine ausgewogene Verhältnismäßigkeit in den Lohnskalen mehr gibt, drohen deutsche Manager, wie ihre amerikanischen Kollegen, immer häufiger und lauter mit »globaler Auslagerung« von Produktionsstätten und Arbeitsplätzen in Billiglohnländer. Der »Standort Deutschland« wird von ihnen als nicht konkurrenzfähiges »Hochlohnland« abqualifiziert und bewußt madig gemacht, um die Gewerkschaften einzuschüchtern, die Sozialabgaben zu kappen und die Löhne niedrig zu halten bzw. zu senken.

Auch die Globalisierungsdebatte ist von der deutschen Wirtschaftselite und ihren »Experten« vorsätzlich überdosiert worden, um die internationale Konkurrenz, noch bevor es im 21. Jahrhundert zur eigentlichen Globalisierung des High-Tech-Kapitalismus kommt, niederkonkurrieren zu können, um von vornherein Vorteile im grenzenlosen Wettbewerb aller gegen alle zu erringen.

Der vermeintliche Sachzwang »Globalisierung« oder Weltmarkt gilt in allen postindustriellen Ländern als willkommene Begründung des gesellschafts- und sozialpolitischen Rollback. Zumeist wird – teilweise auch in wissenschaftlichen Analysen – eine weit fortgeschrittenere weltweite Vernetzung der Produktmärkte ebenso umstandslos als gegeben unterstellt wie eine schier grenzenlose internationale Mobilität der Unternehmen. Das »global agierende Unternehmen«, der »Transnationale Konzern«, gilt dabei als die einzige Organisationsform, die sich an den neuen »globalen Markt« anpassen kann, der von einem technologisch-ökonomischen Krieg um die globale Führung geprägt sei.[86]

»Erst vor dieser Kulisse können die Standort- und Wettbewerbshysterien richtig gedeihen: Lohnzurückhaltung, Sozialabbau und Regelungsdumping erscheinen dann als permanent notwendige nationale Opfer in einem gnadenlos geführten weltweiten Standort-Wettbewerb, in dem einer aller Handlungsspielräume beraubten staatlichen Wirtschaftspolitik nurmehr die Aufgabe zufällt, der Industrie möglichst kostenlos optimale (politische, ökonomische und rechtliche) Rahmenbedingungen für ihr Wirken zur Verfügung zu stellen.«[87]

Neuere empirische Untersuchungen der Wirtschaftsforschungsinstitute in Hamburg (HWWA), Berlin (DIW) und München (Ifo) lassen indessen Wissenschaftler wie Ulrich Dolata in dem eben zitierten Artikel in der »Frankfurter Rundschau« schlußfolgern, daß die Rede von der Globalisierung der Wirtschaft zwar »prägnant, aber irreführend ist«. Sicherlich nähmen die internationalen Handels- und Kapitalverflechtungen langfristig zu, doch sei das globale Zusammenwirken der großen Volkswirtschaften und Wirtschaftsblöcke (EU, NAFTA und Japan mit Süd- und Südostasien) längst nicht so weit fortgeschritten, wie die öffentliche Diskussion vermuten lasse. »Nationale bzw. regionale Verflechtungsmuster [insbesondere in der Europäischen Union – J. B.] sind auch heute in vielen Sektoren weitaus typischer und bedeutender als Weltbinnenmärkte mit global operierenden Unternehmen.«[88] Der Direktor des Instituts für Interdisziplinäre Technikforschung weist darauf hin, daß bisher zwar nur wenige deutsche transnationale Konzerne (TNK) – Bayer, Hoechst, Siemens, VW, BMW, Mercedes – wirklich weltweit eine Rolle spielen, aber die »technologische Leistungsfähigkeit und Weltmarktperformance der Bundesrepublik und ihrer Wirtschaft« nach wie vor exzellent sei.

Viele Autoren, Journalisten und vor allem Politiker haben sich jedoch von der »Standort- und Wettlauf-Hysterie« anstecken lassen und glauben nun zu wissen oder vorgeben zu müssen, daß die Globalisierung eine vollendete Tatsache ist und wir den Standort Deutschland, die Wettbewerbsfähigkeit deutscher TNK ohne Sozialabbau und Deregulierung nicht mehr retten können.

»Wir sind zu teuer«, sagte Kanzler Helmut Kohl. Doch das »Wir« schließt nur die ein, die als abhängig Beschäftigte ihr Einkommen beziehen und schon heute vier Fünftel aller Steueraufkommen zahlen. Ein Wort hat die Runde gemacht: »Besitzstand«. Sachsens Ministerpräsident Kurt Biedenkopf entdeckte ein »ganzes Gebirge von Besitzständen«, das es zu »sprengen« gilt. Damit meinte er Lohnfortzahlung bei Krankheit, Kindergeld, Kündigungsschutz, Arbeitslosengeld, ABM-Maßnahmen, die Fünftagewoche, 30 Tage Jahresurlaub.[89] Eben das, was unter anderem das Soziale an unserer Marktwirtschaft, am Modell Deutschland, ausmacht.

Dieses Modell Deutschland hat für die Manager und ihre willfährigen Politiker-Gehilfen ausgedient. Weil im High-Tech-Kapitalismus für die Bezahlung der Arbeit immer weniger übrigbleibt, sollen die Bezieher von Löhnen und Sozialleistungen den verbleibenden Rest so unter sich aufteilen, daß alle etwas erhalten und die Arbeitslosigkeit sinkt. Mit anderen Worten: Deutschland soll von den USA lernen, wo anteilig mehr Menschen Arbeit haben, aber dafür extrem niedrige Löhne, kaum Sozialleistungen, kaum brauchbare Krankenversicherung, längere Arbeitszeiten und schlechtere Arbeitsbedingungen in Kauf nehmen müssen.

Während der Niederschrift werde ich von der Geschichte eingeholt. Der CDU-Arbeitnehmerflügel CDA unter seinem Vorsitzenden Rainer Eppelmann (letzter Verteidigungsminister der DDR und exponierter Vertreter der dortigen Bürgerbewegung) fordert »mutige Schritte« in einem neuen »Arbeitsmarktkonzept«, das gespickt ist mit Verzichtserklärungen. Ihr Rezept sieht vor, mit »Niedriglöhnen und der Senkung der Realeinkommen« die Massenarbeitslosigkeit abzubauen.[90] Da werden sich die Manager ins Fäustchen gelacht haben.

Das 30-Punkte-Programm, das der CDA-Vorsitzende am 1. April 1997 der Öffentlichkeit vorstellte, will der Erhaltung und Schaffung von Arbeitsplätzen »oberste Priorität« einräumen. Die Tarifpolitik müsse dafür »die durchschnittlichen Lohnzuwächse mittelfristig unter der Preissteigerungsrate« halten. Eppelmanns CDA-Vize Hermann-Josef Arentz dazu: »Ohne eine Absenkung der Löhne können die Arbeitsplätze in Deutschland nicht erhalten werden.«[91]

Weiter plädierte der Arbeitnehmerflügel der CDU für »Niedriglöhne ohne Existenznot«. Unter anderem sollen bei Neueinstellungen Tätigkeiten weit unter Tarif bezahlt werden, damit die »Unternehmer weiterhin Arbeitsplätze anbieten könnten«. Die »Differenz zum Existenzminimum« solle dann der »Staat begleichen«, das heißt die öffentlichen Kassen.[92]

In diesem Vorschlag spiegelt sich – wieder einmal – der vorauseilende Gehorsam der Politiker gegenüber der Wirtschaftselite wider. Deutschlands Arbeitgeberpräsident und oberster Manager Dieter Hundt forderte zwei Tage später öffentlich: Die Tarifpartner sollten bei Neueinstellungen Einstiegslöhne vereinbaren, die »bis 30 Prozent unter den Mindestlöhnen« lägen. Nach Herrn Hundt könnte die Einstellung von Arbeitslosen dann durch »staatliche Lohnzuschüsse«, die »das Existenzminimum abdeckten«, gefördert werden.[93] Das heißt also in aller Dreistigkeit: Der Staat soll die Löhne zu einem erheblichen Teil übernehmen, weil die Unternehmer – um Kosten zu senken – nicht mehr willens sind, die vollen Löhne zu zahlen.

Einer der bekanntesten Verfechter für höhere Kapitalrenditen in Deutschland, Norbert Walter, ehemals Direktor des Kieler Instituts für Weltwirtschaft und heute Chef der Wirtschaftsforschung bei der Deutschen Bank, drückte es im Juni 1996 so aus: »Ich glaube nicht, daß ein Bruttolohnabschlag von mehr als 20 Prozent nötig wäre, um wieder Vollbeschäftigung zu erlangen.«[94] Er gab diesen Kommentar ab, während der Vorstand der Deutschen Bank gerade mit Aktienoptionen für seine besondere Wertsteigerung des Shareholder Value fürstlich belohnt wurde. Zur Erinnerung: Diese Aktienoptionen können den Managern der Deutschen Bank zusätzlich zu ihren Riesengehältern jährlich rund eine Million Mark einbringen. Ganz nebenbei betonte der dergestalt wohlversorgte Walter, zu viele deutsche Bürger frönten einer »Vollkasko-Mentalität« und bezögen lieber Sozialleistungen, anstatt zu arbeiten.[95]

Noch vor wenigen Jahren hätte er sich mit solchen Statements ins politische Abseits gestellt, heute weiß er die Regierung hinter sich. Er und seine Management-Kumpane führen seit 1989/90 eine äußerst erfolgreiche multimediale Kampagne, in der für den Sieg der »Globalisierungsfalle« keine Verdrehung, keine Fälschung zu plump ist. Und so entstand die Legende vom Niedergang des Wirtschaftsstandorts Deutschland.

Die »Gruppe von Lissabon« reklamiert, die »Triade« (EU, NAFTA und Japan mit Süd- und Südostasien) teile die Weltwirtschaft und den globalen Wettbewerb vorerst unter sich auf – und zwar vorwiegend innerhalb ihrer eigenen Regionen. Sie schlägt vor, von einer »tripolaren Weltherrschaftsstruktur« oder einer »Triadisierung« der Welt zu sprechen und den gegenwärtigen »Globalisierungsprozeß« als »Rumpfglobalisierung« zu charakterisieren.[96]

»Triadisierung heißt, daß die technologischen, wirtschaftlichen und soziokulturellen Integrationsprozesse zwischen den drei entwickeltsten Regionen der Welt ... durchgängiger, intensiver und bedeutender sind als die Integration zwischen diesen drei Regionen und den weniger entwickelten Ländern oder zwischen den benachteiligten Ländern untereinander.«[97]

Die Wissenschaftler verweisen auf die Konvergenz vom Selbstverständnis der Menschen in den Triaderegionen sowie ausländischen Direktinvestitionen. Für die Nordamerikaner, Westeuropäer und Japaner stehe fest, daß ihre Regionen, die die kulturelle und wissenschaftliche Vorherrschaft, die technologische Überlegenheit, die militärische Hegemonie innehaben und bei denen wirtschaftlicher Wohlstand zu finden ist, fähig seien, die Weltwirtschaft und -gesellschaft zu steuern und zu beherrschen. Tatsächlich wurden 92 Prozent der im letzten Jahrzehnt weltweit von Firmen getätigten 4200 strategischen Kooperationsabkommen zwischen Unternehmen aus Japan, Westeuropa und Nordamerika abgeschlossen. Laut Statistiken haben Japan, die USA und Westeuropa in den letzten zehn Jahren auch verstärkt untereinander Direktinvestitionen vorgenommen. »In den 80er Jahren verbuchte die Triade vier Fünftel aller internationalen Kapitalflüsse [einschließlich UdSSR und Osteuropa – J.B.]. Der Anteil der Entwicklungsländer fiel von 25 Prozent in den 70er Jahren auf 19 Prozent ...«[98] Diese Tendenz zur Investition innerhalb der Triade bleibe maßgebend. Mit anderen Worten: Während die Gewinner sich zunehmend vereinen, werden die Verlierer ausgegrenzt.

Lester C. Thurow schreibt in seinem richtungweisenden Buch »Die Zukunft des Kapitalismus«, einigen Ländern der Dritten Welt sei der Zugang zu den drei großen regionalen Wirtschaftsblöcken sicher. Mexiko etwa habe ihn als NAFTA-Mitglied bereits. Strategisches Interesse und die Angst vor Masseneinwanderungen ließen der Europäischen Union keine andere Wahl, als für Osteuropa und Nordafrika irgendeine Form der Integration zu finden. Sollte dies mißlingen, »wären die unausweichlichen Folgen eine nicht mehr steuerbare Einwanderung in die Europäische Gemeinschaft und vielleicht sogar kriegerische Auseinandersetzungen an ihren Grenzen«. »Die Länder, die man in die Blöcke einbinden möchte, bringen etwas an den Verhandlungstisch mit, meist ihre geographische Lage [dadurch können sie auch zum vorgeschobenen Bollwerk avancieren – J.B.]. Einige aber werden außen vor bleiben. Wer möchte schon die in die Außenseiterrolle gedrängten wirtschaftlichen Verlierer der Welt wie etwa das südlich der Sahara gelegene Afrika in seine Mannschaft aufnehmen?«[99]

Dieser Prozeß der Abkopplung von den technologisch und ökonomisch fortgeschrittensten Regionen der Welt wird durch die Statistik vielfach belegt: Die hochentwickelten Länder der Triade haben in den 90er Jahren an die Länder südlich der Sahara nur noch 0,3 Prozent ihres Bruttosozialprodukts als Entwicklungshilfe gezahlt. Zu Beginn der 80er Jahre waren es noch 0,7 Prozent.[100]

Nach Zahlen des Worldwatch Institute in Washington D.C. und der Gruppe von Lissabon belief sich der Anteil der 102 ärmsten Länder der Welt am Warenaustausch 1980 auf 7,9 Prozent der Weltexporte und 9 Prozent der Weltimporte. Zehn Jahre später, 1990, hatten sich diese Anteile auf 1,4 bzw. 4,9 Prozent reduziert. Umgekehrt ist in dieser Zeit der Anteil der drei Triaderegionen von 54,8 Prozent auf 64 Prozent der Weltexporte und von 59,5 Prozent auf 64 Prozent der Weltimporte angestiegen.[101]

1990 erreichte der intrakontinentale Handel innerhalb eines jeden Triadegebiets 48,7 Prozent, und der interkontinentale Handel der drei Gebiete untereinander stieg auf 24,9 Prozent. Somit belief sich der Anteil der Triade am Welthandel auf 73,6 Prozent. Die restlichen 26,4 Prozent teilten sich Rußland und Osteuropa, der Nahe Osten, große Teile Asiens, Afrika und Lateinamerika, 1970 hatte ihr Anteil noch 39,2 Prozent betragen. Sollte sich diese Tendenz ungebremst fortsetzen, würde dieser Anteil auf 5 Prozent im Jahr 2020 schrumpfen.[102]

Eine neue Spaltung der Welt ist in der Tat die logische Konsequenz des globalen Wettbewerbs: Wer nur noch auf »Sieg« im Wettbewerb setzt, glaubt, zu den Ausgegrenzten keine neue Brücken schlagen zu müssen.

Zurück zu Deutschland. Wie globalisiert ist die deutsche Wirtschaft? Was ist reale Internationalisierung, was journalistische Sensationsmache oder politische Instrumentalisierung eines vorhandenen Trends? Vier Branchen tätigen mehr als 70 Prozent der deutschen Direktinvestitionen im Ausland: die Chemie- und Pharmaindustrie, der Maschinenbau, die Auto- und die Elektroindustrie. Nur für die erstgenannte trifft das Attribut »globalisiert« zu: Mittlerweile werden zwei Drittel des Umsatzes der deutschen Chemie- und Pharmaindustrie im Ausland erwirtschaftet. Die Branchenführer (Hoechst, Bayer, BASF) haben in Nordamerika, Japan und Westeuropa Produktionsschwerpunkte aufgebaut und sich überdurchschnittlich in Entwicklungsländern mit Direktinvestitionen beteiligt. Die Automobil- und Elektroindustrie (VW, Mercedes, BMW, Siemens) produziert mehr als 30 Prozent vom heimischen Branchenumsatz im Ausland – zumeist in den drei Triaderegionen –, doch verfügen diese Konzerne noch nicht über »triadische Produktionsnetzwerke« wie die chemische Industrie . Der »Internationalisierungsgrad« bzw. »Triadisierungsgrad« der meisten anderen Branchen des verarbeitenden Gewerbes (auch der des Maschinenbaus) liegt teilweise weit unter der 20-Prozent-Marke.[103]

Die von der Presse und anderen interessierten Kreisen immer wieder kolportierte Flucht deutscher Unternehmen und ihrer Produktionsanlagen aus dem »deutschen Hochlohnland« in »Niedriglohnländer der Dritten Welt oder Osteuropas« ist Propaganda. Die Auslagerung deutscher Unternehmen bzw. ihre industrielle Auslandsproduktion konzentriert sich zum weit überwiegenden Teil auf die verhältnismäßigen Hochlohnländer Westeuropas und Nordamerikas. Diese Aktivitäten dienen dort in erster Linie der Erschließung, Sicherung und Erweiterung von Märkten und gehen bislang nicht zu Lasten der heimischen Produktion und heimischer Arbeitsplätze, sind also nicht kostenorientiert. Auslagerung deutscher Unternehmen in Niedriglohnländer der Dritten Welt und Osteuropas, die man noch am ehesten als »kostenorientierte Produktionsverlagerung« aus dem »teuren deutschen Standort« deuten könnte, spielt dagegen eine klare Nebenrolle. Von einem Export deutscher Arbeitsplätze in Niedriglohnländer zu sprechen ist Unsinn. 1995 entfielen rund 6 Prozent der gesamten deutschen industriellen Auslandsproduktion auf Niedriglohnländer.[104] Daher hat Hans-Olaf Henkel, Ex-Topmanager bei IBM-Deutschland und nun Präsident des Bundesverbandes der Deutschen Industrie, im Herbst 1995 in der Tat einen falschen Hasen aus dem Globalisierungs-Hut gezaubert, als er diktierte: »Arbeitsplätze sind ein Exportschlager der Deutschen geworden.«[105] Die deutschen Arbeitnehmer seien zu teuer, Deutschlands Konzerne investierten jedes Jahr für viele Milliarden Mark in Billiglohnländern, daher würden mit dem Kapital auch die Jobs auswandern. Henkel weiß ebensogut wie andere Experten seines Schlages, daß die überwiegende Mehrzahl der deutschen Auslandsinvestitionen in andere hochentwickelte postindustrielle Länder der Triade fließt. Seine Statements sollten übrigens nicht zum letztenmal für öffentlichen Aufruhr sorgen – dieser Mann weiß einfach zu gut, was er will.

Trotz massiver Nörgeleien solch notorischer Zweckpessimisten gibt es auch ausländische Unternehmen, die den »Standort Deutschland« attraktiv finden. So hat sich der US-Technologiekonzern Motorola innerhalb weniger Monate bereits zum zweiten Mal dafür entschieden, neue Produktionsanlagen in der Bundesrepublik aufzubauen. »Im Norden will das Unternehmen seine Handyfertigung ausbauen, und in Dresden soll nun gemeinsam mit Siemens eine neue Chip-Produktion aufgezogen werden.«[106]

Nimmt man die Direktinvestition als Maß, stehen zwar die USA unter den einzelnen Anlageländern unangefochten vor Frankreich, England, Österreich und Spanien, doch entfielen (mit steigender Tendenz!) 1993/94 rund 54 Prozent aller ausländischen Direktinvestitionen »unserer« Unternehmen auf Westeuropa, gefolgt von rund 28 Prozent in Nordamerika. Die deutschen Direktinvestitionen im japanisch-südostasiatischen Teil der Triade sind ebenfalls außerordentlich überschaubar (unter 10 Prozent). Der auf die Niedriglohnländer der Dritten Welt entfallende Anteil hat sich seit 1980 fast halbiert, eben weil hochentwickelte Industrieländer aus den angeführten Gründen nur ungern in die bereits heute abgekoppelten »Verliererländer« unseres Erdballs investieren.[107]

Diese Zahlen sprechen eine klare Sprache: Die deutschen Topmanager operieren in Wirklichkeit mit ihrem Investivkapital keineswegs global, sondern ausgesprochen national und intraregional und nur in den erwähnten Branchen »triadisch«, also in den bereits hochentwickelten drei Regionen der Welt. Die Relationen sind in anderen High-Tech-Ländern sehr ähnlich. Rund 34 Prozent des weltweiten Direktinvestitionsbestands entfallen auf intraregionale Direktinvestitionen – mit überdurchschnittlichen Zuwächsen innerhalb der EU und des japanisch-südostasiatisch-pazifischen Raumes.[108]

Zur Internationalisierung des High-Tech-Kapitalismus gehört seit einigen Jahren auch eine stetige internationale Auffächerung der zuvor fast ausschließlich im Heimatland betriebenen industriellen Forschung und Entwicklung (FuE). Auch in einer HWWA-Studie wird geschätzt, daß die FuE-Aufwendungen deutscher Firmen im Ausland mittlerweile auf rund 15 Prozent der FuE-Aufwendungen im Inland gestiegen sind. Auf diesem Gebiet zeichnet sich eine transatlantische Ausrichtung ab: »Rund zwei Drittel aller FuE-Aufwendungen deutscher Unternehmen im Ausland entfallen auf die Technologieschmiede USA, der Großteil des Restes entfällt wiederum auf europäische Nachbarländer.«[109]

Der japanisch-südostasiatische Raum ist von der deutschen Wirtschaft bislang kaum als Forschungsregion erschlossen worden, ausgenommen die enormen FuE-Aktivitäten der chemischen Industrie. Die Billiglohnländer der Dritten Welt und Osteuropas, also die Länder außerhalb der Triade, spielen als FuE-Standorte für deutsche Unternehmen faktisch keine Rolle.

Auch der deutsche Außenhandel (Exporte und Importe), der für viele Bundesbürger vermeintlich bis in die entferntesten Winkel der Erde reicht – gemäß der Propaganda vom »globalen Dorf« –, ist in Wahrheit mehr durch »eine nachhaltige Europäisierung als durch eine fortgeschrittene Globalisierung« gekennzeichnet. Seit über zehn Jahren werden mehr als zwei Drittel des deutschen Exports mit verarbeitenden Gütern in die Hochlohnländer der Europäischen Union geliefert. Rund 40 Prozent des gesamten Außenhandels konzentrieren sich auf die direkten Nachbarländer Deutschlands. Das Handelsvolumen mit den transeuropäischen postindustriellen Hochlohnländern, vor allem den USA und dem japanisch-südasiatischen und südostasiatischen Raum und dem Nahen Osten, umfaßt mehr als 20 Prozent; der Rest entfällt auf die Entwicklungsländer und Osteuropa. Damit liegt Deutschland im Trend: Fast die Hälfte des Welthandels wird mittlerweile innerhalb der drei Triaderegionen abgewickelt – und in allen drei Regionen mit steigender Tendenz. Auch hier werden die Entwicklungsländer und selbst Osteuropa »abgekoppelt«[110].

Die vielbeschrieene Globalisierung der deutschen Wirtschaft und anderer hochentwickelter Ökonomien läßt also noch auf sich warten. Aufgrund der genannten Fakten erscheint sie eher als ein Produkt publizistischer Sensationsmacherei, wissenschaftlichen Übereifers und gelenkter pseudospektakulärer Informationen. Das Kalkül der Wettbewerbsstrategen ist bisher aufgegangen: Politiker, die Arbeitnehmerschaft und ihre Gewerkschaften sind gefügig. Wie lange noch? In diesem Sinne allerdings sitzt Deutschland tatsächlich wie andere Länder der Triade in einer »Globalisierungsfalle«.

Die Topmanager in den drei Triaderegionen werden die Welt aufteilen in Gewinner und Verlierer. Eine andere Unterscheidung wird es nicht geben – wenn wir es zulassen, daß die Manager ihren inhumanen Weltstaat bauen.

2. Brot und Spiele

Solange die UdSSR und mit ihr der »große Feind« unserer Gesellschaftsordnung existierte, spielten die Manager den Wolf im Schafpelz, um ihren Bevölkerungen zu demonstrieren, daß der Kapitalismus, etwa im netten Kleidchen der sozialen Marktwirtschaft, ein menschliches Antlitz trägt und somit dem Staatssozialismus in jeder Hinsicht überlegen ist. Nun endlich müssen diese Herren wohl keine Rücksicht mehr nehmen auf Gewerkschaften, nationale Politik, nationale Identität etc. wie seinerzeit im Manchester-Kapitalismus. Daß Arbeitnehmer massenhaft an der allgemeinen Wertschöpfung beteiligt und angemessen entlohnt wurden, entpuppt sich als ein taktisches Zugeständnis der Wirtschaftselite im Kalten Krieg, das der kommunistischen Agitation die Basis entziehen sollte. Heute entwickelt sich eine neue Tyrannei: statt des politischen eine Form des ökonomischen Totalitarismus.[111]

Im traditionellen keynesianischen Nachfragekapitalismus wurden Güter und Dienstleistungen vor allem aus zwei Gründen hergestellt und verkauft: um die Nachfrage zu befriedigen und Gewinne zu erzielen. In wirtschaftlichen Krisenzeiten erwies sich der Staat durch Interventionen als sittliches und moralisches Korrektiv. Im grassierenden High-Tech-Angebotskapitalismus werden immer neue Bedürfnisse künstlich produziert, um das Angebot – ganz egal, ob es nun von den Menschen gewünscht wird oder nicht – als nötig erscheinen zu lassen und häufig schlicht Überflüssiges abzusetzen. Damit sie in diesem absurden Wettlauf auf jeden Fall mit Riesenschritten vorwärtskommen, greifen die Manager den Politikern ganz ungeniert ins Ruder. Dabei wird der Staat als ausgleichender Regulator entmachtet und letztlich die Gesellschaft entmündigt.[112]

Diese Deregulierungsprozesse gefährden natürlich auch die Sozialsysteme – nicht nur in Deutschland, sondern überall, wo die Benachteiligten und Ausgebeuteten sich über Generationen hinweg lebensnotwendige Rechte und humanere Arbeitsbedingungen erkämpft haben. Speziell die Bundesrepublik hatte sich mit dem Modell der sozialen Marktwirtschaft einen anerkannten Rang im Verteilungskampf der kapitalistischen Länder erworben. Und sie stellte an der Nahtstelle des Ost-West-Konflikts jahrzehntelang das Schaufenster des sozialen Fortschritts der kapitalistischen Welt dar.

Damit ist es jetzt Schluß. Seit dem Ableben der UdSSR gibt es keinen Systemwettbewerb mehr, der Kapitalismus ist allein übriggeblieben und präsentiert sich vollmundig als »Sieger der Geschichte«. Der US-Politologe Francis Fukuyama behauptete gar, mit dem Ende des Kalten Krieges und dem Sieg des Kapitalismus sei das »Ende der Geschichte« eingetreten, die menschliche Gesellschaft habe mit der freien Marktwirtschaft die »Höchststufe der Zivilisation« erreicht.[113] Welch zynische These, angesichts dessen, was da scheinbar unaufhaltsam auf uns zurollt: ein rasend schnell fortschreitender High-Tech-Kapitalismus, der keine Ordnung mehr neben sich duldet, keine staatlichen Regulierungen mehr akzeptiert. Luttwak bezeichnete die »Beschleunigung des Prozesses der kreativen Zerstörung« als das »Neue am marktwirtschaftlichen Kapitalismus von heute« und räumte ein, das »horrende Tempo der Veränderung« werde zum »Trauma für einen Großteil der Bevölkerung«.[114]

Wettbewerbsfähigkeit heißt die Parole, Wettbewerbsfähigkeit, wie die Manager sie verstehen. Den Produktionsfaktor Arbeit so schnell wie möglich durch Roboter überflüssig zu machen ist ein entscheidendes Element bei der Managerjagd nach Rationalisierung und Steigerung der Konkurrenzfähigkeit, und so werden Arbeitsplätze systematisch vernichtet. Was kümmert es, daß nationale Kulturen und Schicksalsgemeinschaften sich dabei auflösen und aus dem Homo sapiens ein stumpfsinniger Homo oeconomicus wird, dem Politik und nationale Wahlen nichts mehr bedeuten, weil ihm bewußt wird, daß es für ihn keine positiven Veränderungen mehr gibt. Wie auch, wenn die Politik sich gegen die Herrschaft der Manager nicht mehr aufbäumt und politische Wahlen nichts mehr bewirken? »51 Prozent der amerikanischen Wahlberechtigten gingen nicht zu den 1996er Präsidentschaftswahlen, weil es außer ›Tweedle dum and Tweedle dee‹ doch nichts zu wählen gab. Ob Clinton oder Dole, sie mußten sich beide dem Diktat der Wirtschaftselite unterwerfen. Eigenständige Politik gibt es in den USA nicht mehr. Politik wird bei uns vom Topmanagement – und das ist viel weniger als ein Prozent aller Amerikaner – bestimmt«[115], so der US-Autor Gore Vidal.

Das ist nicht länger bloß ein amerikanischer Alptraum, auch die westeuropäischen Staaten verlieren mehr und mehr ihr nationales Antlitz. Die Manager sind die wirklichen »vaterlandslosen Gesellen« geworden: Keiner politischen Gemeinschaft mehr zugehörig, scheren sie sich nur noch um ihre utilitaristischen Ziele, um den grenzen- und regellosen Wettbewerb und fühlen sich für deutsche, französische oder britische Politik oder Kultur nicht mehr verantwortlich. Sie teilen mit ihren Landsleuten keine gemeinsame Geschichte, keine gemeinsame Kultur mehr. Die internationale Managerelite ist dabei, die Politik »aufzufressen«. Ihr haben sie allenfalls eine Handlangerrolle zugedacht: Welche Forderungen nach »Unterstützung« beim Aufbau ihres eigenen transnationalen Staates sie sich anmaßen, offerierte im Sommer 1997 BDI-Präsident Henkel mit seiner Kritik am Föderalismus und am Verhältniswahlrecht in der Bundesrepublik.[116]

In der Europäischen Union geht die Politik der Wirtschaft bereits mit vorauseilendem Gehorsam bei der Zerstörung des Sozialstaates voran. Waren in den 70er Jahren in den Staaten Westeuropas zwischen 1 und 2,5 Prozent aller arbeitsfähigen Menschen arbeitslos, so sind es 1996 durchschnittlich mehr als 12 Prozent. Daß es in Westeuropa so viele »Drückeberger« oder »Freizeitpark-Bewohner« gibt, glaubt gewiß nicht einmal Helmut Kohl, der diesen Begriff in die Welt setzte. Allein in Deutschland finden mehr als 6 Millionen Arbeitsuchende keinen Job mehr – das ist eine Arbeitslosenquote von 15,68 Prozent. In Frankreich waren Ende 1996 (offiziell) ca. 4 Millionen (13 Prozent) arbeitslos – inoffiziell ca. 5 Millionen –, in Italien lag die offizielle Zahl bei 2,9 Millionen (12,2 Prozent).[117] Selbst in Großbritannien, wo – wie in den USA – Beschäftigung immer mehr durch Teilzeitjobs geschaffen wird, gibt es offiziell 6,7 Prozent, inoffiziell 13,4 Prozent (4,4 Millionen) Arbeitslose; Ende 1995 betrug der Anteil von Teilzeitarbeit an der Gesamtbeschäftigung hier mehr als 24 Prozent (in den USA: 20 Prozent).[118]

In den letzten Jahren ersetzten britische Firmen Zehntausende gutbezahlter Fulltime-Arbeitnehmer mit Anspruch auf Unternehmensbeteiligung an den Zahlungen für ihre Sozial- und Krankenversicherung durch Zeitarbeiter. Der Grund wird jedem einleuchten: Letztere haben weder Anspruch auf Kranken- oder Sozialversicherung noch auf Mindestlohn. In Großbritannien oder den USA müssen für Teilzeitjobs solche Mindestlöhne nicht gezahlt werden. Tarifverträge und Arbeitsgesetze wurden abgeschafft, Kündigungsfristen schrumpfen auf wenige Tage, Lohnfortzahlung bei Krankheit existiert sowieso nicht. Deshalb sollte man ehrlicherweise nicht von Teilzeitjobs sprechen, sondern von Tagelöhnerjobs ohne jede soziale Sicherheit. Mehr als zwei

Drittel der seit 1993 geschaffenen Stellen sind laut einer Studie von HSBC, der größten britischen Bankengruppe, solche Teilzeitjobs, in denen oft nur 10 bis 14 Wochenstunden gearbeitet wird.[119] »DER SPIEGEL« bilanziert die »Radikalkur« wie folgt: »Die Arbeitslosenzahlen schrumpften, die Investitionen legten zu. Doch der Preis des Jobwunders ist für viele Engländer sehr hoch. ... Jeder dritte Brite muß auch nachts arbeiten, jeder zweite auch am Wochenende.«[120] Sofern sie überhaupt arbeiten dürfen.

Den Angaben der Tory-Regierung zufolge lag die Arbeitslosenquote 1996 in Großbritannien bei 6,7 Prozent. Doch nicht nur die Labour Party, auch unabhängige Kritiker der einheimischen Regierung machten eine ganz andere Rechnung auf, wie die britische Zeitung »THE INDEPENDENT« berichtet. Danach kam die unabhängige Forschungsstelle »Unemployment Unit« sogar auf 5,4 Millionen – das wäre eine Quote von fast 17 Prozent.[121]

Selbst Kabinettsmitglieder, so »THE INDEPENDENT«, räumten hinter vorgehaltener Hand ein, daß die Tory-Regierung sich ihre Zahlen schöngerechnet hat. Über 30mal wurden seit dem Amtsantritt von Maggie Thatcher 1979 die Statistiken mehr oder weniger willkürlich verändert. Inzwischen gilt nur noch als arbeitslos, wer Hilfe aus der Arbeitslosenkasse bezieht – derzeit erhalten Ledige pauschal 49,15 Pfund (rund 150 DM) und Verheiratete 77 Pfund. Und auch diesen kargen Satz gibt es nur sechs Monate lang – wenn überhaupt. Denn wenn ein Familienmitglied den Arbeitslosen miternähren kann, wird gar nichts gezahlt. Da Frauen erwerbstätiger Männer durch das Raster fallen, glänzt das Vereinigte Königreich in den Statistiken mit einer weit unterdurchschnittlichen Frauenarbeitslosigkeit im Vergleich der Europäischen Union.

Überhaupt nicht unter der Rubrik Arbeitslose erfaßt werden arbeitsuchende Teilnehmer von Fortbildungskursen, Jugendliche unter 18 und Erwachsene über 60 Jahre. Kein

Wunder, daß die offiziellen britischen Zahlen so »gut« aussehen. Auch in den USA ist das regierungsamtliche Frisieren der Arbeitslosenzahlen eine bekannte und beliebte Übung. Ende 1996 etwa wurden die Arbeitslosen offiziell mit 5,6 Prozent beziffert, in Wirklichkeit, so die Berechnungen der unabhängigen Brookings Institution, liegt die Zahl bei über 10 Prozent.[122]

In Großbritannien, seit Maggie Thatchers Regierungszeit der europäische Modellstaat der neoliberalen freien Marktwirtschaft, nähert sich das Bildungs- und Sozialsystem konsequent dem Stand eines Entwicklungslandes. Jedes dritte britische Kind wächst heute in Armut auf. 1,5 Millionen Kinder unter 15 Jahren müssen mangels sozialer Unterstützung arbeiten, Schulbesuch oder Weiterbildung ist »out«. Während sich im kontinentalen Westeuropa vier Fünftel aller 18jährigen in einer Ausbildung befinden, lernt in Großbritannien weniger als die Hälfte der Jugendlichen in diesem Alter noch etwas dazu[123] – außer den Dingen, die man auf der Straße lernt. Das Nationale Gesundheitswesen (National Health System) liegt bankrott am Boden. Dennoch: die Nachahmung des britischen Wirtschafts- und Sozialsystems lohnt sich für Kontinental-Europäer unbedingt – wenn sie denn Manager sind.

In ihrer schönen neuen Welt ersetzen moderne Produktionsmittel wie Computer, Roboter, Sensoren, Laser, automatische Fließbänder, Glasfaservernetzung die menschliche Arbeit. Ziel der geplanten gewaltigen – und gerade erst beginnenden – Steigerung von Massenarbeitslosigkeit im transnationalen Konkurrenzkampf der Triade ist die schnellste Minimierung von Kosten (an allererster Stelle Lohn- und Lohnnebenkosten) und die sofortige Maximierung der Profite. Die Manager schaffen deshalb bewußt und willens Massenarbeitslosigkeit. Soziales Engagement ist für sie beim »internationalen Wettbewerbsdruck« unzumutbar. Um die Arbeitslosen sollen sich andere sorgen, zum Beispiel gemeinnützige Institutionen, die Kirche oder der »Rumpfstaat«. Diese sollen in Form von Unterstützungen (Handouts) die Ersatz-Löhne weiterzahlen. Es entsteht ein paradiesischer »Kapitalismus pur« ohne soziales Netz.[124]

Denn der Turbokapitalismus benötigt die abhängig Beschäftigten im 21. Jahrhundert nur noch zu einem Bruchteil. Zu diesem Schluß kamen auch die »SPIEGEL«-Redakteure Hans-Peter Martin und Harald Schumann in ihrem Buch »Die Globalisierungsfalle«. Sie hatten im September 1995 jene Konferenz in San Francisco besucht, auf der 500 führende Konzernmanager, Top-Banker, Politiker und Wissenschaftler, eben »die Machtelite der Welt«, sich ein Stelldichein gaben und die unmittelbare Zukunft von Arbeit, Wachstum und Wettbewerb diskutierten. Was die beiden »SPIEGEL«-Leute hörten über die ins Auge gefaßte ungeheure, unfaßbare Massenarbeitslosigkeit, eine Welt fast ohne Arbeit, in der es nur noch für ein Fünftel der Menschen Beschäftigung geben soll,[125] erschütterte sie. Die gleiche Einschätzung, die »gleichen Schreckenszahlen« konnte man bereits in zwei früher erschienenen Büchern lesen: »Die neue Weltwirtschaft« (1991) des US-Ökonomen Robert Reich und Jeremy Rifkins »Das Ende der Arbeit« (1995). Dennoch verblüfft die Ungeniertheit der dreisten Direktoren aus den Chefetagen selbst den Eingeweihten:

Die neuen Weltlenker verkündeten im Fairmont Hotel von San Francisco unmißverständlich, daß 20 Prozent der arbeitsfähigen Bevölkerung im 21. Jahrhundert ausreichen werden, um die »High-Tech-Weltwirtschaft« in Gang zu halten. Mehr Arbeitskraft werde eben nicht benötigt, um alle Waren und Dienstleistungen zu erstellen, welche in der neuen Weltgesellschaft zum Wohle der Manager verbraucht werden könnten. Mehr Jobs seien auf den technologisch aufwendigen Wachstumsmärkten und bei den High-Tech-Zukunftsbranchen nicht erforderlich,[126] und damit werde es sie auch nicht geben.

Der große Rest, die »überflüssigen«, wirtschaftlich nicht relevanten 80 Prozent, also vier Fünftel der Weltbevölkerung, soll deswegen aber nicht auf dumme Gedanken kommen. Durch »Tittytainment«, das heißt »mit einer Mischung aus betäubender Unterhaltung und ausreichender Ernährung [soll] die frustrierte Bevölkerung der Welt schon bei Laune gehalten werden«[127]. Der menschenfreundliche Ausdruck Tittytainment wurde von Zbigniew Brzezinski, dem ehemaligen Sicherheitsberater von US-Präsident Jimmy Carter, auf der erwähnten Konferenz in Umlauf gebracht.

Auch hier neue Verpackung für alte Ware – dieses Syndrom kennen wir nicht erst aus Aldous Huxleys »Schöner neuer Welt«. Auch im antiken Rom wurden die Massen mit »Brot und Spielen« bei Laune gehalten. In der Dimension der Massenbetäubung allerdings wiederholt sich das panem et circenses der römischen Herrscher nur zum Teil; denn den Massen der globalen Gesellschaft wird das Brot wohl fehlen, welches das Imperium Romanum an jene Bürger zu verteilen wußte, die vor 2000 Jahren als einkommens- und berufslos galten.

Schon heute spielt das Fernsehen mit Sport, seichten Serien, Actionfilmen, Talkshows, Soap operas, Trickfilmen für Kinder etc. täglich 24 Stunden lang eine herausragende Rolle bei der offensichtlich längst notwendigen allgemeinen Betäubung. »Die Informations- und Entertainmentindustrie hat die Antriebsfunktion übernommen, die früher der Rüstungsindustrie zugeschrieben wurde«, bemerkte Bertelsmann-Chef Mark Wössner 1994.[128] Auch der mexikanische Medienmogul Emilio Azcarraga, dessen Privatvermögen von »FORBES« auf 5,4 Milliarden Dollar geschätzt wird, Eigentümer des transnationalen mexikanischen Medienkonzerns Televisa, dessen Programme via Mexiko-Stadt in ganz Lateinamerika ausgestrahlt werden, umriß seine kommunikative Mission eindeutig: »Mexiko ist ein Land mit einer breiten, verarmten Klasse von Verlierern, die Verlierer bleiben werden. Das Fernsehen ist verpflichtet, diese Leute zu unterhalten und sie aus ihrer tristen Realität und schwierigen Zukunft herauszuholen ... Die gehobene und obere Mittelschicht, die Reichen wie ich, wir sind keine Kunden, weil wir diesen Dreck nicht kaufen. Kurz gesagt, unser Markt in diesem Land ist klar die breite Masse.«[129] Das beruhigt doch.

Informations- und Unterhaltungsmacht konzentriert sich in der Hand weniger Großkonzerne: Murdoch regiert den asiatischen Medienmarkt, in den USA unterhalten einige der weltgrößten Medienimperien ihre Hauptquartiere, und Europa wird von zwei dominierenden transnationalen Blökken beherrscht: Bertelsmann, Frankreichs Canal Plus und die British Sky Broadcasting auf der einen Seite und die Kirch-Gruppe, Berlusconis italienische Fininvest und Hollands NetHold auf der anderen. Der Einfluß der beiden Konglomerate wird wachsen, denn die Fusionen halten an. Im Sommer 1997 haben konsequenterweise die Kirch-Gruppe und die Bertelsmänner eine Kooperation vereinbart. Sie wollen nun gemeinsam die Autobahnen für das digitale Fernsehen in Deutschland und Europa bauen. Bei fortschreitender transnationaler Vertrustung und Kommerzialisierung der Bewußtseinsindustrie ist nur eines sicher: Mit der wachsenden Zahl der Kanäle werden Qualität und Vielfalt weiter reduziert. Die Interessen des Kapitals bestimmen die neuen Standards für die Berieselung. Die Fernsehgewohnheiten (und nicht nur diese) gleichen sich weltweit an, seit uns die mediale Einfalt samt ihren Werbefeldern 24 Stunden täglich im Griff hat.

In den USA und Kanada haben eine Handvoll transnationaler Medienkonzerne ebenfalls ihre jenseits jeder demokratischen Kontrolle liegende Macht durch Fusionen noch verstärkt. Beispiele dafür:

– der kürzliche Zusammenschluß der drei wichtigsten Kabelfernsehgesellschaften New Yorks (ComCast, Cox Cable Communication und Tele Communication) mit der

US-Telekommunikationsgesellschaft Sprint, einschließlich des Erwerbs von 29 der 99 Lizenzen der Personal Communication Systems;

– der Kauf von Capital Cities/ABC durch die Walt Disney Company für schlappe 19 Milliarden Dollar;

– die Fusion von Time Warner Inc. und Turner Broadcasting System Inc., welche nebenbei den größten Medienkonzern der Welt schuf.

Die Disney-Manager setzen durch, daß ihre Hauptprotagonisten Goofy und Donald Duck und ihre Seifenopern weltweit auf all ihren Kanälen zu sehen sind. Und Ted Turner sendet seit der Fusion mit Time Warner weltweit seine Talk-Shows, seine Ärzte- und Hospitalserien und immer im Abstand von 30 Minuten CNN-Weltnachrichten aus der Coca-Cola-Stadt Atlanta. Das sind die modernen Betäubungszentren der Welt. Sie verbreiten die modernen Zirkusspiele für die Massen, die zwar nicht mehr unbedingt mit wilden Löwen bestritten werden, aber jedenfalls mit vielen Gladiatoren, mit Sex, Sport und Gewalt – und das täglich rund um die Uhr. Jeder wird unterhalten, niemand soll bange sein. Wer darin eine Drohung sieht, ist selber schuld.

Wie allerdings das Problem der Kaufkraft von vier Fünfteln der Weltbevölkerung zu lösen wäre, bleibt bislang ein Rätsel. Soll das beschäftigte ein Fünftel der »Informations- und Wissensgesellschaft« alles kaufen, was die transnationalen Konzerne produzieren? Oder sollen nur noch Luxusgüter für die 20 Prozent hergestellt werden?

Ökonomie-Professor Rustum Roy von der Pennsylvania State University meinte während der Konferenz in San Francisco, man könnte Tätigkeiten der Arbeitslosen für freiwillige Gemeinschaftsdienste, bei der Nachbarschaftshilfe, im Umweltschutz, in Kirchen, Sportvereinen oder für Vereine aller Art »durch eine bescheidene Bezahlung aufwerten und so die Selbstachtung von Millionen Bürgern fördern«.[130] Brot, Spiele und Almosen?

Jeremy Rifkin bewertet die sich abzeichnende »Globalisierung der Massenarbeitslosigkeit« als »Abgesang der alten Arbeiterklasse, das Ende der Arbeit schlechthin«, wie wir sie bisher kannten.[131]

Jacques Attali, ehemals französischer Forschungsminister und leitender Technologieberater von Präsident François Mitterrand, verkündete in seinem Buch »Millennium« ebenfalls »das Ende der Ära der arbeitenden Männer und Frauen«. Und er präzisiert: »Computer und Roboter sind das neue Proletariat. Die alte Arbeiterklasse erhält nun ihre Entlassungspapiere. Die neue High-Technology-Revolution kreiert mit rasender Geschwindigkeit eine globale Wirtschaft mit arbeiterlosen Fabriken. Und sie schafft dabei eine riesige Reservearmee moderner Tagelöhner.«[132]

Für Rifkin und Attali führt diese Entwicklung geradewegs zum »Weltstaat der Manager«[133]. Sie werden mit ihren Konzernen alles niederkonkurrieren, was sich ihnen als Alternativen in den Weg stellt. Daß die »globalen Spieler« dabei auch das Ende des Sozialstaates als »sittliches Element, als moralisches Korrektiv gegenüber den Antagonismen der global-kapitalistischen Gesellschaft« herbeiführen, da ihrer High-Tech-Ökonomie und ihrem Utilitarismus Kategorien wie Verantwortung, Gemeinschaft und Gerechtigkeit fremd und in jeder Weise suspekt und hinderlich sind, bezeugen die Medien bereits heute täglich.

Das »WALL STREET JOURNAL« schrieb am 16. März 1993 auf der ersten Seite, daß durch das »Re-Engineering« (Ersatz menschlicher Arbeit durch Roboter etc.) der US-Konzerne in der vorhersehbaren Zukunft jährlich bis zu 2,5 Millionen Fulltime-Jobs eliminiert würden und viele der Arbeiter nur noch durch Teilzeitjobs (Wer redet von der 35-Stunden-Woche? Hier sind 10 bis 14 Stunden längst verwirklicht) beschäftigt werden könnten. »Doch wenn die erste Stufe des Re-Engineering abgeschlossen ist«, so die Hauptpostille des US-Kapitalismus weiter, »dann sehen unsere wissenschaftlich untermauerten Szenarios voraus, daß es in den nächsten 20 Jahren bis zu 25 Millionen Arbeitslose im privaten Sektor der US-Wirtschaft geben wird, die momentan noch 90 Millionen Fulltime- und Parttime-Jobs zur Verfügung stellt.«[134]

Im selben Artikel äußerte sich der amerikanische Unternehmensberater John C. Skerritt folgendermaßen: »Ich sorge mich um die sozialen Konsequenzen des Re-Engineering. Ich kann viele, viele Wege erkennen, wie die Jobs zerstört werden, aber ich sehe keinen, wie wir neue Jobs schaffen.« Einer der damaligen Topmanager von Apple Computer, John Sculley, erklärte: Am Re-Engineering und der Re-Organisation der Arbeit führe kein Weg vorbei, diese Entwicklung sei normal. »Dennoch«, so Sculley, »die auf uns zukommende Re-Organisation der Arbeit könnte so massiv und destabilisierend sein wie der Beginn der industriellen Revolution. Das wird die größte soziale Herausforderung der nächsten 20 Jahre sein.«[135] Ein Mittel, dieses Problem zu bewältigen, sah der erfahrene Manager allerdings nicht, oder er wollte es nicht sehen.

Peter F. Drucker, der Guru der US-Manager, geht in seinem Buch »Post-Capitalist Society« (1993) gar so weit, zu behaupten: »Das unaufhaltsame Verschwinden des Produktionsfaktors Arbeit als Schlüsselfaktor im Produktionsprozeß wird sich als die letzte große, völlig systemimmanente Aufgabe der kapitalistischen Gesellschaft erweisen.«[136] Nach Drucker ist es geradezu die verdammte Pflicht und Schuldigkeit der Topmanager, sich durch schnelle, immerwährende Rationalisierung und Technologieerneuerung beim Ausklang der nationalen kapitalistischen Ökonomien vom viel zu kostspieligen Produktionsfaktor Arbeit endgültig zu trennen. Er nennt das schön abstrakt den beschleunigten Prozeß der Verdrängung von Arbeit durch Maschinen.[137]

Die nun entstehende »globale Wissensgesellschaft«, so Drucker, müsse durch den immer schnelleren Einsatz modernster und kostengünstigster High-Tech-Produktionsmittel vom zu teuren Faktor Arbeit befreit werden. Nur so könnten die dann arbeiterlosen transnationalen High-Tech-Konzerne ihre Konkurrenz aus dem Weg räumen. Das ist für Drucker der logische Weg des Kapitalismus ins postkapitalistische 21. Jahrhundert, um den wir nicht herumkommen werden.[138]

Spätestens da fragt man sich, was der ganze Wahnsinn soll. Sind wir tatsächlich vor allem dazu da, diesen Manager-Himmel auf Erden, also die alles niederkonkurrierende globale Wettbewerbsgesellschaft der 20 Prozent, mitzuschaffen und die 80 Prozent Überflüssigen mit Tittytainment bei Laune zu halten? Oder können wir in der Zukunft doch noch eine Gesellschaft formen, an der sich alle oder zumindest sehr viele Menschen sinnvoll beteiligen? Können wir gar den Sozialstaat als moralisches Korrektiv gegen den »globalen Standort- und Wettbewerbsstaat« der Manager retten? Welcher Mittel bedarf es dazu? Ich denke, noch ist nicht alles verloren, und werde später darauf zurückkommen.

Wenn allerdings die Masse der Menschen gegen menschenverachtende Organisations- und Wirtschaftsformen der Herrschenden nichts unternimmt, wenn sie wie im antiken Rom stoisch alles mit sich geschehen läßt, werden sich negative Aspekte der Geschichte unter anderen Vorzeichen wiederholen. So wären wir denn unterwegs zu einer neuen Zivilisation, die vier Fünftel der Weltgesellschaft mit Brot und Spielen abspeisen will. Eine neue Spielart der Barbarei, soviel ist gewiß, erwartet uns im 21. Jahrhundert, wenn wir dem Treiben der Manager zuschauen.

3. Das Haifischbecken der neuen Barbaren

Seit dem Zusammenbruch der UdSSR und dem Niedergang des Staatssozialismus steht uns zum erstenmal in der Geschichte die Möglichkeit einer »globalen Wirtschaft zur Verfügung, in der alles überall jederzeit produziert und verkauft werden kann«. Für Konzern-Manager bedeutet das, so Lester Thurow, »daß alle Produkte und Dienstleistungen jeweils dort hergestellt werden können, wo die dafür entstehenden Kosten am niedrigsten sind. Die so entstandenen Produkte und Dienstleistungen können dann in den Teilen der Welt verkauft werden, in denen die Preise und Gewinne am höchsten sind.« Minimierung der Kosten und die Maximierung der Profite sei schließlich das Wesensmerkmal des Kapitalismus. »Sentimentale Bindungen« an ein bestimmtes Land, eine bestimmte Kultur, eine bestimmte Nation sehe er nicht vor.[139]

Durch die rasante Technologieerneuerung sind die Kosten für Transport und Kommunikation rapide gesunken. Gleichzeitig stieg die Geschwindigkeit, mit der beide Vorgänge abgewickelt werden können, entsprechend an. Im Unternehmensbereich entstehen völlig neue Kommunikations-, Befehls- und Kontrollsysteme. »Forschungs- und Konstruktionsgruppen lassen sich in verschiedenen Teilen der Welt koordinieren. Bauteile werden in dem Teil der Welt hergestellt, in dem es am kostengünstigsten ist, und anschließend zur Montage an einen anderen Ort transportiert. Die Gesamtkosten werden immer minimiert. Die Bauteilgruppen werden mit einem ausgeklügelten ›Just-in-time‹-Luftfrachtsystem an ihren Bestimmungsort gebracht. Verkauft werden die Produkte oft in der ganzen Welt.«[140]

Die auf uns zukommende Globalisierung der Wirtschaft treibt Thurow zufolge einen Keil zwischen die nationalstaatlichen politischen Institutionen und deren Bemühungen, wirtschaftliche Entwicklungen in bestimmte Richtungen und internationale Wirtschaftskräfte in bestimmte Bahnen zu lenken. Schon heute »entsteht eine globale Wirtschaft, in der außerhalb jeder nationalen Einflußsphäre angesiedelte geo-ökonomische Kräfte die nationale Wirtschaftspolitik eines Landes diktieren. Mit der Internationalisierung verlieren die Regierungen der Einzelstaaten viele der Druckmittel, mit deren Hilfe sie die Wirtschaft bisher kontrollieren [und sozialer gestalten – J. B.] konnten.«[141]

Der Staat kann den Unternehmen heute keine Regeln mehr vorschreiben. »Die Geschäftstätigkeit wird sich immer dahin verlagern, wo sie keiner Aufsicht unterliegt. ... Europäische Unternehmen expandieren in anderen Teilen der Welt, wo das ›hire and fire‹ ein bißchen billiger ist.«[142] Daß Mercedes-Benz nach Alabama und BMW nach South Carolina ging, weil in diesen US-Staaten die Zahl der staatlichen Vorschriften und Regulierungen am geringsten ist, die niedrigsten Sozialleistungen und Steuern gezahlt werden und sich bisher keine Gewerkschaften bildeten, bestätigte Daimler-Vorstandsvorsitzender Schrempp in einem ARD-Interview: »Unsere Arbeitskosten sind in Alabama um 25 Prozent geringer.«[143]

Da sich die Manager der TNK in einer triadisch beherrschten Welt die Standorte stets nach diesen Kriterien suchen werden, entwickelt sich unter den nationalen Regierungen ein verschärfter Wettbewerb um Unternehmensansiedlungen. Wenn zum Beispiel Firmen Standorte in Südostasien wählen, sichern sie sich zugleich einen Marktanteil in den aufstrebenden Ländern dieser Triaderegion, doch dem europäischen Staat fehlen die Steuereinkommen, mit denen er die von seinen Wählern nach wie vor erwünschten Sozial- und Dienstleistungen bezahlen könnte. »Dadurch, daß sie ihre neuen Fertigungsstätten nach Amerika auslagerten, reduzieren Mercedes und BMW ihren Anteil an der Finanzierung der staatlichen deutschen Rentenversicherung.«[144] Auch wenn viele Regierungen die Unternehmenssteuern erheblich reduzieren, um die Firmen im Lande zu halten, sinken die Steuereinkommen, und die staatlichen Sozialleistungen werden weiter gekappt.

Nicht nur die ehemals staatssozialistischen Länder Osteuropas, auch ein Großteil der Dritten Welt hat sich dafür entschieden, das weltweite kapitalistische Spiel mitzuspielen. Und die Massendressur, die Gewöhnung an immer größer werdende Arbeitslosigkeit und fortschreitenden Sozialabbau – natürlich nur »zum Schutz des Standortes Deutschland« und der Europäischen Union – schreitet ebenfalls zügig voran. Das signalisiert, daß der Turbokapitalismus stärker und sein Wettbewerb grenzenloser wird. Das bedeutet aber auch, daß es keinerlei Regelwerk zur Lenkung und Humanisierung dieser nun allein existierenden Wirtschaftsform gibt. Der technologisch-ökonomische Krieg der TNK um globale Führung, um günstigste Standorte, um höchste Wettbewerbsfähigkeit, das brutale Niederkonkurrieren anderer globaler Unternehmen oder Wirtschaftsblöcke wird zu einem universellen Credo.[145]

Mit der typischen Arroganz von Siegern verkünden die Apostel der neuen Weltherrschaft ihr Evangelium. »Jeder, der denkt, daß die Globalisierung unterbrochen werden könnte, sollte uns sagen, wie er den ökonomischen und technologischen Fortschritt einfrieren will. Das wäre, als versuchte man, die Rotation der Erde zu stoppen«, ereiferte sich Renato Ruggiero, Chef der Welthandelsorganisation, vor schwedischen Unternehmern im Mai 1996.[146] Und sein Kollege Michel Camdessus, Banker und Direktor des Internationalen Währungsfonds, hob im Juni 1996 die erzieherischen Kompetenzen des Marktes hervor: »Wenn die Wirtschaftspolitik solide ist, werden Investitionen im Lande bleiben und wachsen. Doch wenn sie nicht richtig konzipiert wird und die ökonomische und zivile Ordnung gefährdet, dann geht das Kapital natürlich weg. Diese Tatsache, und das sollte uns nicht überraschen, lastet auf den Regierungen wie ein Gewicht, damit sie sich korrekt verhalten.«[147] Deutlicher kann man es kaum sagen.

Ein Topmanager der US-Mobil Oil Corporation versuchte es folgendermaßen: »Einige Märkte sind profitabler als der US-Markt. Globale Investoren gehen da hin, wo die Profitraten höher sind und die Regierungen ein gastfreundschaftliches Geschäftsklima garantieren.«[148]

Diese Managermentalität breitet sich auch in Deutschland rapide und ungebremst aus, wie ein Kommentar von Daimler-Benz-Chef Schrempp zeigt: »Profit, Profit, Profit« sei sein Ziel, verkündete der »Rambo« der deutschen Autoindustrie gleich nach seinem Amtsantritt im Mai 1995. Der Nachfolger von Edzard Reuter setzte zwölf Prozent Rendite auf das eingesetzte Kapital als Vorgabe in allen Geschäftsfeldern. Bereiche, die das Ziel nicht schafften, wurden verkauft oder geschlossen. Basta! Der Mann ist eindeutig. Mit dieser »Politik« wurden zwischen 1990 und Ende 1995 bei Daimler 87000 Mitarbeiter entlassen.[149] Das war nicht die letzte Lektion, die die von den Wirtschaftsführern zum »Kellner des Kapitals«[150] degradierte Bundesregierung und die Gewerkschaften hinnehmen mußten.

Schrempp, mitverantwortlich für fast sechs Milliarden Mark Verlust im Jahre 1994, legte die Daimler-Töchter Fokker (Flugzeugbau) sowie den AEG-Konzernteil still und verkündete Anfang 1996, der Konzern werde binnen der nächsten drei Jahre noch zusätzliche 56000 Mitarbeiter auf die Straße setzen. Martin und Schumann erinnern in ihrem Buch »Die Globalisierungsfalle« daran, daß allein diese angestrebte Massenentlassung den Kurs der Daimler-Aktie um gut 20 Prozent in die Höhe trieb und die Aktionäre um knapp 10 Milliarden Mark reicher machte, obwohl sie auf die Jahresdividende verzichten mußten.[151] Das nennt man nun auch in Deutschland Shareholder Value.

Schrempp, der aus der Sicht der Arbeitnehmer eher wie eine »Niete in Nadelstreifen« dasteht, feierten die US-Wirtschaftsgazetten »WALL STREET JOURNAL« und »BUSINESS WEEK« als »Revolutionär«, der den »Schmusekurs der deutschen Manager mit den Arbeitnehmern« nun endlich beendet und die Struktur des Konzerns am Wohl der Aktionäre ausrichtet.[152]

Danach ließ Schrempp sich und 170 weiteren Managern von den Aktionärsvertretern im Aufsichtsrat von Daimler

Aktienoptionen als besondere Leistungsvergütung zuteilen. Bereits nach einem 15prozentigen Kursanstieg können die Wandelanleihen in Aktien umgetauscht werden. Der mehr als 50prozentige Kursanstieg bescherte ihm und Mit-Managern für 1996 ein Zusatzeinkommen von jeweils mehr als einer Million Mark.[153] Und das, man muß es sich auf der Zunge zergehen lassen, bei einer Massenarbeitslosigkeit in Deutschland von 6 Millionen und bei Löhnen unter Tarifvertrag und unter dem Existenzminimum. Das »harte Durchgreifen« (so klingen Massenentlassungen doch gleich nach nötiger Kurskorrektur) lohnt sich also – für Aktionäre und für Manager.

Der Würzburger Volkswirtschaftsprofessor Ekkehard Wenger, so eine dpa-Meldung vom 5. Juli 1997, will den neuen Aktienoptionsplan für Manager von Daimler-Benz verhindern. In seiner Anfechtungsklage gegen den entsprechenden Beschluß der Aktionärsvertreter im Aufsichtsrat und der Daimler-Hauptversammlung vom 28. Mai 1997 geißelte er das Vorhaben als gesetzwidriges »Selbstbedienungsmodell«. Der Ökonom kritisierte, daß die Daimler-Manager selbst dann persönliche Gewinne einstreichen könnten, wenn der Aktienkurs hinter der allgemeinen Börsenentwicklung zurückbleibt. Außerdem sähe das deutsche Aktienrecht die Ausgabe von »Gratisoptionen für Vorstände« nicht vor.

Die Klage gefährdet das Vorhaben des Daimler-Chefs Jürgen Schrempp, den im Jahre 1996 erstmals eingeführten Aktienoptionsplan von bisher 170 begünstigten Führungskräften auf künftig rund 1500 Manager des Daimler-Konglomerats auszudehnen.

Vorbild dieser Kultur des Shareholder Value sind die USA, wo die Manager – wie im ersten Kapitel dargelegt – noch weit großzügiger mit Aktienoptionen bedacht werden. Das zusätzliche Entlohnungssystem, besser Selbstbedienungsmodell für Manager, verführt diese natürlich dazu, den Aktienkurs durch »Lean Production«, also durch Massenentlassungen und schnellste Technologieerneuerung, in die Höhe zu treiben. Wer spektakuläre Ankündigungen wie Massenentlassungen und Verkauf nicht so rentabler Fabriken macht wie Herr Schrempp, wird von der Börse belohnt – ohne die geringste Mehrarbeit. Die Schrempps und Welchs dieser Welt werden auf diese Weise weiterhin Arbeitnehmer »auf dem Altar kurzfristiger Kursgewinne«[154] opfern. Die deutschen Topmanager haben – dank massiven neuen Technologieeinsatzes und Massenentlassungen – ihre Firmen straff durchrationalisiert. 1996 waren in Deutschland 60 Prozent mehr Industrieroboter am Werk als 1992. Das Resultat: höhere Produktivität, sinkende Personalausgaben, steigende Gewinne, immer weniger Arbeitsplätze, boomende Aktien. Daimler plus 75 Prozent, Bayer plus 55 Prozent, Hoechst plus 48 Prozent, VEBA plus 44 Prozent – innerhalb eines Jahres. Der Wertzuwachs erreichte allein im Jahre 1996 für die Anleger in Deutschland 207 Milliarden Mark – eine Summe, so groß wie die Landeshaushalte von Hessen, Bayern, Hamburg und Nordrhein-Westfalen zusammen.

Der Boom hat nur leider schwerwiegende, mitunter letale Nebeneffekte: Viele Firmen, die das hochgesteckte Renditeziel nicht erreichen, werden ausgeschlachtet, verkauft oder ins Ausland verlagert. Hunderttausende von Jobs sind so seit 1993 den Bach hinuntergegangen: 60000 in der Chemieindustrie, 190000 im Maschinenbau, 184000 in der Automobilindustrie. Die Arbeitslosigkeit erreichte im Februar 1997 den neuen Nachkriegsrekord von mehr als 6 Millionen.[155]

Gewiß ist dieser neue, alles niederkonkurrierende Turbokapitalismus – wie Peter F. Drucker diagnostizierte – einfach folgerichtig. Doch zugleich ist er grausam: Sein Erfolg, eine hochprofitable High-Tech-Produktionsmaschine, die immer neue Rekorde aufstellt und enorme Innovationen bietet (denken wir nur an die Informationstechnologie), ist untrennbar mit dem Fiasko der Massenarbeitslosigkeit und mit der Abkehr vom Modell der Sozialpartnerschaft verbunden. Der Boom der Börse – ohne die Baisse am Arbeitsmarkt ist er so wenig denkbar wie ohne den technologischen Progreß, der die Rationalisierungssprünge ermöglicht.

Die von den nordamerikanischen Topmanagern vorgegebene Corporate Culture wird auch hierzulande angenommen. Immer mehr transnationale Konzerne der »Alten Welt« imitieren den »American Way of Business«, handeln ihre Aktien an der New Yorker Börse, übernehmen US-Buchführungsstandards, bedienen sich der US-Consultingfirmen und Investment-Banken, restrukturieren ihre Unternehmensorganisation nach amerikanischem Vorbild und öffnen ihren Aktienbesitz ausländischen Investoren.

Nach Angaben der britischen Wirtschaftszeitung »THE ECONOMIST« hat sich der ausländische Aktienbesitz zum Beispiel in Schweden zwischen 1990 und 1994 mehr als verdoppelt und beträgt gegenwärtig 22 Prozent; in Frankreich stieg er im gleichen Zeitraum von 15 auf 25 Prozent, in Deutschland von fast null auf circa 20 Prozent.[156]

Demokratie: der Gedanke des Contrat social Rousseaus, die demokratische Einflußnahme der Staatsbürger, die Souveränität der Volksmehrheit, Schranken gegen ruinösen wirtschaftlichen Wettbewerb, das sittliche und moralische Korrektiv der Gesetzgebung zum Schutze der Mehrheit gegen die Machtanhäufung von Minoritäten, die »Checks and Balances« der US-Verfassung – all das ist ersatzlos gestrichen in der neuen Religion des weltweiten Wettbewerbs. Der Staat wird nur noch als Servicebetrieb für die Topmanager der TNK eingestuft, als Vollstrecker der Interessen des Big Business.

Die Wettbewerbsfähigkeit zu verbessern ist in vielen Ländern der Triade zu einer der wichtigsten Regierungsaufgaben geworden. So wurden unter anderem in Großbritannien, Japan, den Niederlanden und in den USA regierungsamtliche

Arbeitsgruppen eingerichtet, um die Wettbewerbsfähigkeit der heimischen TNK und der nationalen Standorte zu bemessen und zu erhöhen. In den USA existiert seit der Bush-Administration der »Policy Council for Competitiveness«. Präsident Clinton hat diesen Rat noch erweitert, der alle zwei Jahre einen Bericht für den Präsidenten und den Kongreß erstellt. 1993 trug dieser Bericht den Titel »A Competitive Strategy for America«. Die EU ließ 1992 eine Analyse über die Wettbewerbsfähigkeit europäischer Unternehmen mit dem Titel »The Competitiveness of Europe and its Enterprises« anfertigen. Die Regierungen betätigen sich als regelrechte Helfershelfer der TNK.[157]

Der Wettbewerbsfähigkeitskult hat sein eigenes internationales Instrumentarium, seine eigene »Welt-Verfassung« inauguriert: den »World Competitiveness Index« (WCI). WCI wird von einer Schweizer Stiftung und dem Weltwirtschaftsforum gemanagt. Jährlich veröffentlicht er eine Liste, in welcher der Grad der technologischen Aggressivität eines Landes ein Hauptindikator ist. Es überrascht wohl kaum, daß die USA und Japan in dieser Rangliste seit langem Spitzenreiter sind.[158]

Der »Global Competitiveness Report 1996«, herausgegeben vom Weltwirtschaftsforum in Genf, enthält einen »Wettbewerbsfähigkeits-Index« und einen »Standortkatalog« für OECD-Länder; beide sind aus empirischen Daten und Interviews mit Topmanagern aus aller Welt zusammengestellt worden. Acht Charakteristika tragen darin zur Konkurrenz- und Überlebensfähigkeit eines Landes bei: Marktoffenheit für Außeninvestitionen und Welthandel; die Ausgaben-, Steuer- und Regulierungspolitik der Regierung; Qualität der Finanzmärkte und der Infrastruktur; wissenschaftlich-technologische und Management-Qualität; Flexibilität des Arbeitsmarktes und Qualität der juristischen und politischen Institutionen, das heißt, ist das »Rechtssystem effizient und brauchbar, werden Verträge respektiert und sind Eigentumsrechte gesichert«[159]? Dieser »Global Competitiveness Report 1996« stellt eine Art Richtlinie der globalen Spieler dar. Sein reiner Utilitarismus ist nicht mehr zu überbieten; das Grundrecht auf Arbeit etwa würde sich in diesem Katalog als kurioser Fremdkörper ausnehmen.

Für die Manager des Turbokapitalismus ist die Erde ein Haifischbecken, aus dem man sich die besten Happen schnappen muß, bevor es der Konkurrent tut. Die Haie sind die Räuber der Meere. Die Manager sind die Räuber der Erde.

4. Vom Sozialstaat zum Standortstaat

Die alten westlichen Demokratien, der Wohlfahrtsstaat an sich bedeuten für die Manager eine Zukunftsbedrohung. Sie wollen daher den »Sozialklimbim« als nicht akzeptablen Kostenfaktor abschaffen. So hat denn in den Vereinigten Staaten bereits eine besonders brutale Aktion – angeregt durch die US-Wirtschaftselite und ausgeführt durch ihr williges Organ: die Politik – gegen den Sozialstaat stattgefunden. Im US-Kongreß stimmte 1996 die überwiegende Mehrheit der Abgeordneten und Senatoren für ein Gesetz, welches das von Franklin Delano Roosevelt vor 60 Jahren im Rahmen des New Deal eingeführte System sozialer Sicherheit und Wohlfahrt (Social Security and Welfare System) praktisch eliminierte.

Zu den Maßnahmen des Gesetzes zählen unter anderem:

– Das Recht, staatliche Unterstützung (Welfare) zu beanspruchen, wird einem »Lifetime Limit« (Lebenszeit-Begrenzung) von 5 Jahren für alle Familien unterworfen. Im Wahlkampf hatte Präsident Clinton mit vorauseilendem Gehorsam angeboten, diese Frist sogar auf 2 Jahre herunterzusetzen, um »Arbeit und Verantwortung zum Gesetz des Landes zu machen« und den Sozialhilfeempfängern – zumeist alleinstehenden jungen schwarzen Müttern mit ihren Kindern und älteren Langzeitarbeitslosen – klarzumachen, daß sie »in zwei Jahren Lohnempfänger sein müssen, nicht Sozialhilfeempfänger«. Guter Rat muß also nicht teuer sein.

– Die Behörden haben das Recht, Sozialhilfeempfänger nach zwei Monaten zu Gemeindediensten zu verpflichten. Die Garantie Washingtons, den Bundesstaaten die notwendigen Finanzmittel zur Unterstützung der Armen zur Verfügung zu stellen, entfällt. Bundesstaaten, die nicht die »vorgesehene Transformationsrate von Sozialhilfeempfängern in Arbeitende erfüllen, verlieren progressiv die Unterstützung aus Bundesmitteln«.

– Lebensmittelmarken für Arbeitslose und andere Bedürftige werden reduziert. Alleinstehenden Müttern unter 18 Jahren wird nur dann finanzielle Hilfe gewährt, wenn sie die Schule besuchen oder mit einem Erwachsenen leben. Zudem hat man erhebliche Einschnitte im Programm der Krankenversicherung für Bedürftige, Niedriglohnempfänger und Arbeitslose (»Medicaid«) vorgesehen, nicht zuletzt, weil die US-Unternehmen ihre Beiträge zu dieser Krankenversicherung nicht mehr zahlen wollten.[160] Das Gesetz trifft nun die Mehrheit der 13 Millionen Sozialhilfeempfänger und fast alle die 26 Millionen Amerikaner, die versuchen, mit Lebensmittelmarken zu überleben. Clintons persönlicher Freund Robert Reich fand, der Präsident »hat aus wahltaktischen Gründen und auf Druck von WALL STREET eine Position nach der anderen geräumt. Bis er schließlich dieses republikanische Sozialhilfegesetz unterschrieb.«[161] Aus diesem Grund verabschiedete sich Reich als Arbeitsminister aus der Clinton-Administration.

Das Gesetz wurde unverkennbar von der Arbeitshaus- und Armenhaus-Gesetzgebung und Ideologie des Manchester-Kapitalismus im frühen 19. Jahrhundert inspiriert. Nach der Unterzeichnung hob der US-Präsident hervor, daß es »ein wirklicher Schritt nach vorn ist, für unser Land, für den

Wirtschaftsstandort Amerika, unsere Werte und für die Sozialhilfeempfänger ... Wir müssen Wege finden, um den Teufelskreis der Abhängigkeit, der die Leute hinabzieht, zu durchbrechen.«[162]

Sein republikanischer Gegenspieler, der gegenwärtige Vorsitzende des Finanzausschusses des Repräsentantenhauses, John R. Kasich, untermauerte diesen Zynismus noch und erklärte, daß diese Maßnahmen »den Leuten, die in der Wirtschaft zählen, in den nächsten sechs Jahren 55 Milliarden Dollar ersparen werden. ... People are not entitled to anything but opportunity. You can't be on welfare for generations. (Das einzige Recht, das den Menschen zusteht, ist die Verwirklichung ihrer Chancen. Sie können nicht über Generationen hinweg von der Wohlfahrt leben.)«[163]

Auch in Deutschland wird der Sozialstaat zum Wohle des Standortstaates der Manager Stufe um Stufe abgebaut. Die Abschaffung staatlich-öffentlicher Verpflichtungen vollzieht sich unter dem Banner von Effizienz, Sachzwängen und Demokratie. Und das, obwohl schon mehr als 8 Millionen Menschen unterhalb der Armutsgrenze leben und es an öffentlichen Finanzen fehlt, um sie durch Ausbildung und ABM-Maßnahmen wieder in den Arbeitsprozeß zu integrieren. Zusätzlich wird die Mär vom zu teuren Sozialstaat lanciert – eine glatte Lüge.

»Wohl wurden 1995 für alle sozialen Belange fast eine Billion Mark gezahlt, elfmal mehr als 1960. Aber genauso hat sich auch das gesamte Volkseinkommen vermehrt. Alle Sozialleistungen der Republik zusammengenommen kosteten im Jahr 1995 knapp über 33 Prozent des Bruttosozialprodukts der Republik. 1975, 20 Jahre zuvor, betrug der Wert für Westdeutschland exakt genausoviel, 33 Prozent. Ohne die Zahlungen in Ostdeutschland wäre die Quote heute sogar um 3 Prozent geringer.«[164]

Renten, Arbeitslosengeld, Sozialhilfe und medizinische

Behandlung finanzieren sich zu zwei Dritteln aus den Beiträgen, die auf das Einkommen von Lohn- und Gehaltsempfängern erhoben werden. 6 Millionen Arbeitslose (rund 1,5 Millionen Langzeitarbeitslose, die inzwischen Sozialhilfe beziehen, sind nicht inbegriffen) bringen den Rentenkassen Verluste von weit mehr als 16 Milliarden Mark im Jahr ein.[165] Auch weil sich durch sinkende Realeinkommen der Anteil von Gehaltsempfängern am Sozialprodukt stetig reduzierte, mußten die Sozialbeiträge immer wieder angehoben werden. Die Krise unseres Wohlfahrtssystems ist das Resultat des sich immer rasanter entwickelnden High-Tech-Kapitalismus *ohne* Arbeit und nicht etwa, wie Politik und Managerclique uns unisono weismachen wollen, der ausufernden Selbstbedienung sogenannter »Freizeitparkbewohner«.

Zudem erleichterte die Kohl-Regierung unter dem Fanal »Aufbau Ost« seit 1989 die Sozialkassen jährlich um mehr als 50 Milliarden Mark für »systemfremde Leistungen«. Dazu zählen unter anderem Vorruhestandsgelder für gefeuerte DDR-Beamte, Ausgleichszahlungen für die Opfer der SED-Diktatur und Subventionen für die von der Treuhand durchgeführte Privatisierung der DDR-Wirtschaft. »Würden die Renten-, Arbeitslosen- und Krankenkassen nur von den Lasten befreit, für die sie gar nicht eingerichtet sind, könnten die Sozialabgaben sofort um acht Lohnprozente gesenkt werden ...«[166]

Bei Krankheit werden im Moment häufig nur noch 80 Prozent des Lohnes gezahlt, in naher Zukunft sollen diese Lohnfortzahlungen ganz abgeschafft werden. Konzernmanager wischen Tarifverträge schon jetzt häufig vom Tisch, drücken bzw. streichen Urlaubsgeld und andere Lohnnebenkosten – ganz nach den Vorbildern USA und Großbritannien. Krankenkassenbeiträge, finanzielle Selbstbeteiligung beim Kauf von Medikamenten und bei Krankenhausaufenthalten sind enorm angestiegen. Arbeitslosenunterstützungen wurden gesenkt und zeitlich begrenzt wie nie zuvor.

»Das Aufkommen unternehmenstypischer Steuern sinkt auf stets neue Rekordtiefen, dagegen erreichen die Staatseinnahmen aus den Lohn- und Umsatzsteuern zu Lasten überwiegend der abhängig Beschäftigten Jahr um Jahr neue Gipfelrekorde. Inzwischen tragen ›die kleinen Leute‹ trotz stagnierender Realeinkommen vier Fünftel aller Steuerlasten, während die ›großen Tiere‹ in der Wirtschaft nur einen kleinen Rest zu übernehmen brauchen.«[167] Deutschland ist zum Lohnsteuerstaat verkommen. Großzügig verteilen Bund und Länder jedes Jahr mehr Steuererlasse für Unternehmen und Selbständige und tolerieren die zunehmende Verschiebung von Vermögen in sogenannte Steueroasen. Jürgen Schrempp verkündete im Frühjahr 1996, sein Unternehmen werde in Deutschland bis zur Jahrtausendwende keinen Pfennig Ertragssteuern zahlen.[168] Die ob dieser Prahlerei »peinlich berührten« Haushaltsexperten des Bundestages erfuhren somit endlich, und dann gleich aus erster Hand, wem die Gesetze dienen, die sie mit auf den Weg bringen.

Unermüdlich verbreitet unsere Wirtschaftselite die Legende, deutsche Unternehmen verlagerten Produktionsstätten und Arbeitsplätze in ausländische Billiglohnländer, weil die Bundesrepublik ein Hochlohnland sei. Doch gemessen an den Lohnstückkosten, die der relevante internationale Konkurrenzfaktor sind, ist der Standort Deutschland im Vergleich mit anderen hochentwickelten Industrieländern eher ein Niedriglohnland, wie das Münchener Ifo-Wirtschaftsinstitut, eines der sechs berühmten deutschen Wirtschaftsforschungszentren, 1996 ermittelte. Dies liegt, so das Ifo-Institut, an der hohen Kapitalintensität und der entsprechenden Produktivität. Setzt man die deutschen Löhne von 1970 gleich 100, so stiegen die Lohnstückkosten in Deutschland bis 1994 auf 250, die der wichtigsten Handelspartner (OECD-Länder) aber auf 481.[169]

Kurz vor der Veröffentlichung des Ifo-Gutachtens hat der Vizepräsident des Instituts für Arbeit und Technik im Wissenschaftszentrum Nordrhein-Westfalen in Gelsenkirchen, Professor Gerhard Bosch, bewiesen, daß in den letzten dreißig Jahren die Löhne hierzulande keineswegs überdurchschnittlich gegenüber den wichtigsten Konkurrenzländern auf dem Erdball gestiegen sind: »Die Lohnstückkosten, die das Verhältnis zwischen Löhnen und Produktivität (und damit die wahre Lohnhöhe) ausdrücken, haben – gemessen in Landeswährung – seit Beginn der 70er Jahre in Westdeutschland um 94 Prozent, dagegen in den USA und Japan, den Vorbildern wirtschaftlicher Zukunftsfähigkeit, um sage und schreibe 270 Prozent zugenommen.«[170]

Kurzum: Das Geschrei um die »maßlosen Forderungen« der Arbeitenden ist unbegründet, deutsche Unternehmen stehen prächtig da. Laut einem Gutachten des Ifo-Instituts für das Bonner Wirtschaftsministerium aus dem Jahre 1996 ist »das durchschnittliche Realeinkommen je Arbeitnehmer nirgendwo schwächer gestiegen ... als in Deutschland; ähnliche Werte ergeben sich nur für die USA«. Die dort fixierten Daten beweisen auch, daß »hohe Stundenlöhne bei kurzen effektiven Arbeitszeiten durch die Produktivität gerechtfertigt sind«.[171] Dieses Gutachten ist ein weiterer Beleg dafür, wie deutsche Manager ihren eigenen Standort schlechtreden, um durch Lohndumping ihre Profite noch mehr zu erhöhen.

Martin und Schumann verweisen darauf, daß die D-Mark im Verhältnis zu anderen Währungen (OECD-Länder) »zwangsläufig kontinuierlich an Wert« hinzugewonnen hat. Doch die »Kostendisziplin der Deutschen, in jeder Tarifrunde neu durchgesetzt, wird stets durch den Wertverlust der Einnahmen in fremder Währung bald wieder aufgezehrt. So erzielten deutsche Exportprodukte 1994 einen um 10 Prozent niedrigeren Ertrag als 1992, weil die Krise im Europäischen Währungssystem und die Politik des billigen Dollar der US-Bundesbank den Kurs der D-Mark nach oben und den des Dollar nach unten trieb.« Trotz dieser Wechselkursverschiebungen sei die Kostenentwicklung in allen OECD-Ländern in den letzten Jahren annähernd parallel mit der in Deutschland verlaufen.[172]

Daß die deutschen Lohnkosten heutzutage, in andere Währungen – vor allem in die internationale Leitwährung des US-Dollar – umgerechnet, höher liegen und die deutsche Exportwirtschaft somit ein Kostenproblem hat, führen nicht nur die DIW-Forscher keineswegs auf zu hohe Löhne und die angeblich überzogene Tarifpolitik der Gewerkschaften zurück, sondern auf die enormen Exportüberschüsse. »Die bundesdeutsche Wirtschaft wurde für diese Erfolge durch eine Höherbewertung der D-Mark vom Weltmarkt [insbesondere der gemanagten US-Billig-Dollar-Politik – J.B.] sozusagen abgemahnt«, stellte Gerhard Bosch fest.[173]

Für Professor Kantzenbach, den ehemaligen Leiter des Hamburger Weltwirtschaftsarchivs (HWWA), sind die – mit komplizenhafter Hilfe der Presse – allgemein als zu hoch eingestuften Lohnnebenkosten kein Argument, zumal selbst deutsche Arbeitgeber sich über den Mißbrauch der Sozialkassen zur Schonung des Staatssäckels bei der Finanzierung gesamtdeutscher Aufgaben entrüsteten.[174]

So wird denn die Debatte um den Standort Deutschland, um die deutsche Wettbewerbsfähigkeit, um die Globalisierung der deutschen Wirtschaft geprägt von bewußten Falschmeldungen und Täuschung der Öffentlichkeit. Der Standortrhetorik der Manager folgend, überzieht die Bundesregierung ihr Land mit einschneidenden Sparprogrammen, von denen Finanzminister Waigel im April 1997 das zweite losgetreten hat. Durch Kürzung der Mittel für Arbeitsbeschaffungsmaßnahmen werden in Ostdeutschland rund 200000 Menschen zusätzlich in die Arbeitslosigkeit gedrängt. Gleichzeitig wird die Kürzung der Sozialleistungen die Kaufkraft auf dem Binnenmarkt senken.

Selbst im asiatischen Teil der Triade, in Japan, lösen sich die einst vielbewunderte lebenslange Arbeitsplatzsicherheit und Loyalität der Arbeitnehmer zu »ihrem« Unternehmen unter der Politik des Gesundschrumpfens (»Downsizing«) zunehmend auf. Auch Japan verzeichnet nun eine wachsende Arbeitslosigkeit, verfügt aber über kein nennenswertes soziales Netz, um Arbeitslosigkeit aufzufangen. Bei einer Umfrage des japanischen Arbeitsministeriums stellte sich 1995 heraus, daß 63,4 Prozent der befragten Angestellten und Arbeiter nicht mehr daran glaubten, im 21. Jahrhundert einen festen Arbeitsplatz »auf lange Zeit oder gar Lebenszeit« besetzen zu können oder bei Arbeitslosigkeit von einem sozialen Netz aufgefangen zu werden.[175]

5. Der Staat der Manager

Der Weg zur Barbarei im menschlichen Zusammenleben steht offen, wenn der Staat zur totalitären Macht wird und die Gesellschaft gänzlich absorbiert, wie dies im Faschismus oder im Staatssozialismus der Fall war; oder wenn er seine moralisch-zivilisatorischen Funktionen verliert bzw. abgibt und sich dabei in ein simples Exekutionsinstrument einer übergeordneten Instanz – aktuell: der Herrschaft der Manager und ihres Turbokapitalismus – verwandelt.

Letzteres ist der Fall im neoliberalen Staat, der das aktuelle Herrschafts- und Ausbeutungsinstrument der transnationalen Manager darstellt. Er ist nicht länger mehr Beschützer und Wahrer des Gemeinwohls. Seine Macht dient vielmehr den Interessen der dominierenden Wirtschaftsoligarchen. Dieser Staat wird die Reichen, die Manager der TNK, die Informations- und Wissenselite, eben die 20 Prozent, vor den Widrigkeiten des High-Tech-Kapitalismus schützen und die Wehrlosen, die Verlierer, die überflüssigen 80 Prozent dem Terror des »freien Marktes« aussetzen und mit Brot und Spielen abspeisen. Ökonomische Apartheid wird die Norm.

Um ihre Ziele im 21. Jahrhundert zu verwirklichen, verfügen die neuen Barbaren bereits über die wesentlichen internationalen Instanzen für ihre globale Machtkonzentration. Die Gruppe der G-7, die Welthandelsorganisation (WTO), der Internationale Währungsfonds, die Weltbank etc. sind wesentliche Elemente des globalkapitalistischen Protostaats, der begonnen hat, über die nationalen Regierungen hinweg repressive Funktionen im Interesse der transnationalen Konzerne weltweit zu erledigen, bis der »Weltstaat« bzw. die Weltorganisation der Global Player errichtet werden kann.

So kurios es klingt: Der Internationalismus, einst ein Programm von Sozialisten gegen nationale kapitalistische Ausbeuter und Kriegstreiber, hat die Seiten gewechselt. TNK spielen nationale Beschäftigte ebenso wie Staaten gegeneinander aus. Die Konsequenz: Aus den Staaten werden Standorte, aus den Beschäftigten Tagelöhner. Je mehr Produktion ausgelagert und je mehr Kapital international rekrutiert wird, um so mächtiger und unkontrollierbarer werden die zumeist riesigen Unternehmen und desto mehr sinkt der Einfluß nationaler Regierungen und Gesellschaften insgesamt. Annähernd 40000 TNK, die in mehr als drei Staaten über Produktionsstatten verfügen, so die UN-Handelsorganisation UNCTAD, betreiben heute zwei Drittel des gesamten Welthandels; fast die Hälfte dieses Austauschs erledigen sie dabei innerhalb der unternehmenseigenen Netzwerke.[176]

Der fortschreitende Prozeß der Globalisierung sprengt die Regeln und Werte der nationalen Volkswirtschaften und Schicksalsgemeinschaften. Zum einen beschleunigt er die Abfolge von Technologieerneuerung und Rationalisierung ins Absurde. Niemand versucht bislang ernsthaft, die Bremse gegen diesen Turbokapitalismus zu ziehen. Die Produktivität wächst dabei schneller als die Wirtschaftsleistung insgesamt. Zwangsläufige Folge ist das sogenannte »Jobless

Growth« – ein Wirtschaftswachstum, das keine zusätzlichen Arbeitsplätze hervorbringt. Zum anderen zerstören die Kräfte, die den Globalisierungsprozeß entfacht sowie den High-Tech-Kapitalismus forciert haben, die gewachsenen Bande unserer nationalen Kultur und Identität, unserer gesellschaftlichen Solidarität, unserer Zusammengehörigkeit.

Christopher Lasch führt den Erosionsprozeß der Demokratie in den wohlhabenden Ländern – ganz besonders in den USA – darauf zurück, daß für die Führungsschicht die Vision einer annähernden Gleichheit der Lebensbedingungen aller und soziale Werte nichts mehr zählen. »Die neuen Eliten, zu denen nicht nur die Führungsspitzen großer Unternehmen gehören, sondern alle jene Berufsstände, die Informationen – den Lebenssaft des globalen Marktes – produzieren und manipulieren, sind weitaus kosmopolitischer ... als ihre Vorgänger.« Der »Sirenengesang der Aufstiegsmöglichkeiten« verleite sie zu einem mobilen Lebensstil. Diese Schicht »lebt in einer eigenen Welt mit privaten Schulen, privaten Sicherheitsdiensten, privaten Krankenversicherungen. Die neuen Eliten sind nur im Transit zu Hause, auf dem Weg zu einem wichtigen Kongreß, zur festlichen Eröffnung einer neuen Firmenkette, zu einem internationalen Filmfestival oder einem unentdeckten Ferienparadies. Ihre Weltsicht ist im wesentlichen touristisch, eine Perspektive, die nicht gerade geeignet ist, leidenschaftliches Engagement für die Demokratie hervorzubringen.« Mittlerweile diene der Begriff Demokratie nur noch der »Beschreibung eines therapeutischen Zustands«. Das gesellschaftlich verantwortungslose Sozialverhalten und Geschäftsgebaren der Eliten offenbare, wie weit das Land von den Voraussetzungen abgewichen sei, auf denen es sich gründete.[177]

Robert Reich stimmt mit Lasch darin überein, daß die amerikanische Wissens- und Informationselite sich »in aller Stille aus der Öffentlichkeit in ›homogene Enklaven‹ zurück[zieht], innerhalb deren ihr Einkommen nicht an Menschen umverteilt werden muß, die vom Schicksal weniger begünstigt sind als sie selbst. ... Mit jeder der begehrten Steuererleichterungen entziehen die Symbol-Analytiker ihre Dollars der Unterhaltung öffentlicher Einrichtungen, die allen zugänglich sind, und widmen sie privaten Einrichtungen, die sie sich mit anderen Symbol-Analytikern teilen.«[178] So bleiben schon jetzt vier Fünftel der Amerikaner durch diese elitäre Sezession ausgegrenzt.

Wer je Detroit besucht hat, dürfte entsetzt gewesen sein, wie entvölkert und heruntergekommen Straßen und ganze Viertel, öffentliche Parks und Plätze sind. In den Vorstädten breiten sich dagegen neben noblen Wohnanlagen und privaten Schulen überall private Golf-, Tennis-, Rollschuh- und Eislaufclubs und jede Menge weitere Freizeitzentren aus. Wer es sich leisten kann, zieht dorthin, auch wenn die Einwohner für den Unterhalt der genannten Einrichtungen sowie der Straßen allein aufkommen müssen, weil die öffentlichen Kassen leer sind. Entsprechendes gilt auch für andere Großstädte, deren Kommunalverwaltungen längst bankrott sind. Die in den »Wohnkolonien« lebende Elite teilt die Kosten für Privat-Verwaltung und Reparaturen unter sich auf; vor allem stellt sie Wachpersonal ein, »um Leben und Eigentum vor der wachsenden Kriminalität zu schützen«, wie Robert Reich bekräftigt. Er weist darauf hin, daß der private Sicherheitsdienst während der achtziger Jahre eine der am schnellsten prosperierenden Branchen der USA war (62 Prozent Realwachstum der 10 größten Wachgesellschaften). »1990 waren 2,6 Prozent des amerikanischen Arbeitskräftepotentials als privates Wachpersonal beschäftigt – doppelt soviel wie 1970 und mehr, als die Vereinigten Staaten an Polizeibeamten haben.«[179]

»Im wirklichen Leben«, warnt Reich, »gibt es die traditionelle Gemeinschaft der Amerikaner nicht mehr. ... Die beste Definition der ›Gemeinschaft‹ besteht nunmehr in der gemeinsamen Postleitzahl.«[180]

Auch der emeritierte Havard-Professor John Kenneth Galbraith warnte erst kürzlich wieder »vor dem Weg ins Verderben«: »Ganze amerikanische Ballungszentren ... lebten auf dem Pulverfaß in ständiger Furcht vor gewalttätigen sozialen Explosionen. Die abgeriegelten ›Reichen-Ghettos‹ machten ihn schon sehr nervös, gestand er ... ein. Sie sind der Ausdruck einer ökonomischen Apartheid und eine logische, wenngleich verwerfliche Folge der unverantwortlichen Einkommensgegensätze.« Die Sicherheit der Reichen-Vorstädte und der eingezäunten Wohnviertel (Gated Communities) hält Galbraith wie andere auch für »blanke Illusion«. Wenn es zu Gewalttätigkeiten käme, würden Zäune, Eisentore und Wachmannschaften nichts nützen.[181]

Der Fraktionsvorsitzende der Grünen in Deutschland, Joschka Fischer, erkennt in dieser sich immer weiter öffnenden Schere der Eigentumsverhältnisse eine »Legitimationskrise des sozialen Kapitalismus«.[182] Er verweist auf die von dem Franzosen Michel Albert, einem Ökonomen und ehemaligen Generalbevollmächtigten für internationale Wirtschaftsplanung, aufgeworfene »Systemfrage innerhalb des Kapitalismus«: »Es gilt sich zu entscheiden zwischen dem angelsächsischen Modell der unverfälschten, freien Marktwirtschaft [ohne Interventionen des Staates – J. B.], das dem ›Manchester-Liberalismus‹ nacheifert, und dem ›rheinischen Modell‹ der auch in Japan bevorzugten ›sozialen Markwirtschaft‹ in einer Konsens-Gesellschaft«[183], in der der Staat als sittliches und ausgleichendes Korrektiv einschreitet.[184]

Wer sich zur sozialen Marktwirtschaft und zum Sozialstaat bekenne, so Joschka Fischer, gelte heute hierzulande bestenfalls als altmodisch, »als jemand, der geistig einer nicht mehr rettbaren Vergangenheit anhängt«. Die soziale Marktwirtschaft sei »out«, Wettbewerb und Niederkonkurrieren in allen Lebenslagen sei »in«. »Wir erleben die Verkehrung von Reaktion und Revolution! Die Arbeiter und Angestellten als die neue ›konservative Klasse‹, die ihre Besitzstände mit Klauen und Zähnen zu verteidigen versuchen, und die Unternehmer als die neuen ›Revolutionäre‹, die eben diese Besitzstände zertrümmern und dabei die neue Welt des Globalismus erschaffen.«[185]

Die sich nun entwickelnde Weltgesellschaft des 21. Jahrhunderts wird sich – wenn alles weiterläuft wie bisher – in eine Ein-Fünftel-Minderheit von Gewinnern und eine Vier-Fünftel-Mehrheit von Verlierern spalten. Jeder kann selbst erkennen, daß sich der transnationale High-Tech-Kapitalismus schon heute durch eine beschleunigte und allgemeine, wachsende, extrem hohe Arbeitslosigkeit auszeichnet, die zwischen 8 und 25 Prozent in der Ersten Welt (einschließlich Osteuropa) liegt, aber zum Beispiel in Lateinamerika (außer Mexiko) 30 bis 70 Prozent (einschließlich Tagelöhnern) der arbeitsfähigen Bevölkerung erfaßt.[186] Im südlich der Sahara liegenden Afrika – außer der Republik Südafrika – sind die Zahlen, auch wenn es kaum vorstellbar scheint, noch niederschmetternder.

Man kann es nicht oft genug wiederholen: Der im Wettbewerb der transnationalen Konzerne forcierte technologische Wandel macht immer mehr Arbeit überflüssig. Nicht die Billiglohn-Arbeiter in der Dritten Welt und in Osteuropa sind schuld an Arbeitslosigkeit und Lohndumping in den postindustriellen Ländern der Triade. Sie sind allenfalls Schmiermittel, ein Bedrohungspotential, um die Spirale aus Rationalisierung und Senkung der Arbeitskosten innerhalb der Länder des High-Tech-Kapitalismus noch zu beschleunigen.

Aus der Sicht des High-Tech-Kapitals sind die Arbeitslosen und ihre Kinder so überflüssig wie ein Kropf. Sie bilden im günstigsten Fall gerade noch eine Reservearmee von »Wegwerfarbeitern«. Die Grundbildung dieser »Überschußbevölkerung«, die den Wirtschaftseliten keine Gewinne mehr einbringt, verursacht lediglich Kosten.[187] Folglich vermindert sich die Bedeutung der allgemeinen formalen Bildungssysteme auch in der Ersten Welt, einschließlich Westeuropas. Vom Staat wird deshalb immer weniger Geld für das allgemeine Bildungswesen bewilligt, und es werden immer weniger Lehrer eingestellt.

Der Protest der »Verlierer« gegen den Trend zur 20:80-Gesellschaft wird – so scheint es im Moment – auf ohnmächtige Regierungen und Politiker stoßen, denen die neuen Barbaren den Willen und die Macht zum Handeln schon lange entrissen haben. Doch die Verlierer kann man zwar im Wirtschaftsleben vielleicht wegrationalisieren, man kann sie aber nicht so einfach vom Erdboden verschwinden lassen. Das nämlich erscheint mir der größte Fehler in dieser menschenverachtenden Milchmädchenrechnung: Sie werden sich nicht abspeisen lassen mit »Brot und Spielen«, sondern gegen die »blinde Elite« rebellieren, die sich in Vorstädten und Wohnkolonien hinter Mauern und Gittern verschanzt und in Deutschland bereits von schwarzen Sheriffs beschützen läßt. Sie werden Gegenstrategien gegen den Turbokapitalismus entwickeln und durch Massenprotest und gewaltfreien zivilen Ungehorsam alles tun, um den Trend zur 20:80-Gesellschaft aufzuhalten. Sie werden neue Formen der Arbeit und Organisation entdecken, haben doch im Gegensatz zur Bildung im alten Rom unsere Erziehungs- und Bildungssysteme für genügend Aufklärung gesorgt, die nun zur Verteidigung einer humanen Gesellschaft und eines funktionsfähigen Sozialstaats eingesetzt werden muß. Zu diesem Widerstand gibt es keine Alternative. Sollte dieser Abwehrkampf nämlich nicht gelingen, könnte die Angst vor der großen Massenarmut, dem großen Aussperren die Kriminalität, die Gewalt in unseren Straßen ins Unermeßliche steigen lassen, ja regelrechten Bürgerkrieg entfesseln und letztlich Regierungsformen ins Leben rufen, die mit Demokratie und ziviler Gesellschaft nichts mehr zu tun haben. Dann würden die neuen Barbaren einen repressiven Polizeistaat ins Leben rufen, wie ihn die Welt noch nicht gesehen hat.

Der amerikanische Wirtschafts- und Sozialwissenschaftler und Direktor des Washingtoner »Council on Foreign Relations«, Ethan B. Kapstein, sagte dazu: »Die Welt bewegt sich möglicherweise unerbittlich auf einen dieser tragischen Momente zu, der künftige Historiker fragen lassen wird, warum wurde nicht rechtzeitig etwas unternommen. Haben die ökonomischen und politischen Eliten nicht bemerkt, zu welch tiefgreifenden Verwerfungen dieser rasende ökonomisch-technologische Wandel führte? Und was hat sie davon abgehalten, die notwendigen Schritte zu unternehmen, um eine globale Sozialkrise zu verhindern?«[188]

Wird man an der Schwelle zum 21. Jahrhundert auf solche Kassandrarufe hören? Es gilt, völlig losgelöst von parteipolitischen Präferenzen die Herrschaft des globalen Kapitals zu demaskieren und ihr weltweit ein demokratisches Gesellschaftsmodell entgegenzusetzen, das uns nicht zurückwirft in einen mörderischen »Krieg aller gegen alle«.

Das globale Kapital ist gänzlich ungeniert dabei, seinen Weltstaat zu bauen. Die Zukunft der Menschheit darf nicht von rein utilitaristisch orientierten Köpfen bestimmt werden, die ihre Ausbeutungs- und Wettbewerbserfolge mit göttlicher Vorherbestimmung und das Warenwertgesetz mit der menschlichen Essenz verwechseln. Es ist fünf vor zwölf: wollen wir das Ruder noch herumreißen, ist es notwendig – neben der direkten Mitbestimmung in den nationalen Volkswirtschaften –, eine weltweite Bewegung zu schaffen, die aus der Perspektive des Humanismus und der Solidarität den Kampf gegen die Machenschaften der transnationalen Manager und ihre »globale Wettbewerbsfähigkeit« aufnimmt. Was wir brauchen, ist mehr internationale Zusammenarbeit zwischen den Nationen und innerhalb der bestehenden Wirtschaftsblöcke und kein ruinöser Standortwettbewerb der Völker gegeneinander. Wir müssen findig sein, müssen in den einzelnen Ländern und deren Ökonomien neue Organisationsformen entwickeln, vor allem eine neue Form direkter Mitbestimmung der abhängig Arbeitenden in den wirklichen Entscheidungsgremien, den Vorständen der Großunternehmen, Großbanken und TNK der Triade.

Die Beschäftigten müssen an den Sachwerten, am Gewinn der Konzerne durch Miteigentum (Eigentumszertifikate, Vorzugsaktien und Workholder Value) beteiligt werden. Nur so können sie die durch keine demokratischen Instanzen kontrollierte und sich krebsartig auf alle Lebensbereiche ausdehnende Herrschaft des Managements in den Griff bekommen. Wir dürfen unser und das Schicksal der kommenden Generationen nicht in den Händen der profitmaximierenden Manager, Investoren, Spekulanten, der Banker von General Motors, Ford, IBM, Coca Cola, Daimler, Siemens, Bayer, Toyota, Mitsubishi, Nissan, Deutsche Bank, Bank of Tokyo lassen. Sie machen die gefügige Wissenschaft und die Technologieerneuerung zu ihren Fetischen – als müsse der Mensch deren Sklave sein. Sie werden alles tun, um uns durch »feindliche Übernahmen«, von Großbanken lancierte Fusionen, durch Auslagerung von Produktionsstätten, beschleunigte Rationalisierung und Automatisierung und grenzenloses Niederkonkurrieren in die Knie zu zwingen. Frederick Taylor, der Erfinder der modernen Arbeitsorganisation, brachte es auf den Nenner: In der Vergangenheit drehte sich alles um den Menschen, in der Zukunft muß das Wirtschaftssystem im Mittelpunkt stehen. Genau das ist die Welt, in der wir heute leben.

DER AUFSTAND
GEGEN DIE »BLINDE ELITE«

Was passiert in Zukunft, wenn wir die besten Produkte herstellen,
zu den niedrigsten Kosten,
mit der höchsten technischen Qualität,
und niemand kann es sich leisten, sie zu kaufen?

US-Ökonom Don Kennedy
in einem Interview am 23. März 1994

1. Eine Primitivform des Sozialdarwinismus

Am 1. Mai 1997 protestierten in Leipzig viele Menschen gegen die Massenarbeitslosigkeit; sie skandierten während der Kundgebungen: »Wir sind das Volk.« Mit dieser Parole hatten die gleichen Leute 1989/90 schon einmal erfolgreich mitgeholfen, ein totalitäres Regime zum Teufel zu jagen. Nur trugen sie diesmal Transparente, auf denen geschrieben stand: »Müssen wir uns das gefallen lassen?« oder »Wir wollen arbeiten, schickt die Manager zum Stempeln«.

Sie haben recht – wir sind das Volk. Wir dürfen nicht hinnehmen, was die Manager mit uns machen. Aber was können wir tun, national und international? Wer schickt die Manager endlich zum Stempeln? Wer kontrolliert ihre barbarische Herrschaft? Wer zieht beim in den Abgrund rasenden Turbokapitalismus die Bremse an? Wie wollen wir den Trend zur 20:80-Gesellschaft aufhalten, wie verblödendes Tittytainment bekämpfen, wie den Sozialstaat erhalten? Kurz und gut: Wie soll die »globale Wettbewerbsfähigkeit« mit ihren Exzessen reguliert werden und von wem?

Der amerikanische Wirtschaftswissenschaftler Paul Krugman (MIT) schrieb in seinem berühmt gewordenen Essay »Wettbewerbsfähigkeit: Eine gefährliche Besessenheit« (Competitiveness: A Dangerous Obsession), der Kampf um die Wettbewerbsfähigkeit der TNK in der globalen Ökonomie sei das am meisten debattierte wirtschaftliche Problem unserer Zeit. Manager, Politiker, Ökonomen, Finanzmagnaten und Technologen hätten die Wettbewerbsmetapher zu ihrem Credo erhoben. Die treibende Kraft dabei sei, das eigene Überleben durch den Sieg über den anderen zu sichern. Für den Verlierer gäbe es keinen Platz.[189]

Dieser Sozialdarwinismus veranlasse Nordamerikaner, Europäer und Japaner, den »exzessiven Wettbewerb« auch zu Lasten der sozial schwachen Menschen in ihren eigenen Ländern zu führen, indem sie den Sozialstaat abschaffen und Massenarbeitslosigkeit forcieren. Die Obsession der Wettbewerbsfähigkeit sei nicht nur falsch, sondern gefährlich, »da sie die Innenpolitik verzerrt, das internationale Wirtschaftssystem gefährdet«. Schließlich zerstörten Oligopole/Monopole die für den »Wettbewerb notwendige Vielfalt«.

Eine solche Ideologie reduziere die gesamte Conditio humana auf die Verhaltensformen des Homo oeconomicus. Der exzessive globale Konkurrenzkampf könne jene außerordentlichen Probleme nicht lösen, die jetzt auf die Menschheit zukämen, zum Beispiel das enorme Bevölkerungswachstum, die Umweltzerstörung und die Klimakatastrophe; im Gegenteil, diese Probleme verschärften sich größtenteils. Die Überbetonung des Wettbewerbs führe unweigerlich zu globalen Wirtschafts- und Technologiekriegen.[190] Krugman vertritt am Ende seines Essays den Standpunkt, nur eine kooperative Steuerung der globalen Wirtschaft bringe Abhilfe.

Die neuen Globalisierungsprozesse in Forschung, Technologieerneuerung und Wirtschaft werden – wenn alles weiterläuft wie bisher – in den nächsten 20 Jahren an Intensität gewinnen. Dabei wird die Handels- und Wirtschaftskonkurrenz zwischen Westeuropa, Nordamerika, Japan und Teilen Südostasiens zunehmen, und die Triade wird dominieren, doch es kommt zugleich zu einer wachsenden Regionalisierung von Wirtschaftsgebieten (EU, NAFTA, Asiatische Freihandelszone).

Auch die Gruppe von Lissabon konstatiert in ihrem »Überlebens-Szenario« eine »Zersplitterung der Welt im Kontext einer beinahe durchgehend privatisierten, deregulierten und liberalisierten Marktwirtschaft«. Treibende Kraft bei der »Verteidigung und Förderung der eigenen relativen Vorteile« sei für jedes Unternehmen, jede Region, jede soziale Gruppe das »eigene Überleben«, und zwar durch den »Sieg über die anderen. ... Der Wettbewerbsimperativ beherrscht individuelle und kollektive Verhaltensweisen und Strategien. Technische Innovationen mit dem Ziel einer Verbesserung der Arbeitsproduktivität (also der Reduzierung der Arbeitskosten und einer aus ihr folgenden Verringerung von Arbeitsplätzen)« gälten als »effektivste Waffe zur Eliminierung von Marktkonkurrenten«.[191] Immerhin halten die Lissabonner noch an der »Puffer«-Funktion internationaler Organisationen wie IWF, Weltbank und WTO einerseits und nationaler Behörden andererseits in den künftigen technologischen Wettläufen und Technologiekriegen fest.

Die Autoren kommen zu dem Schluß, das Dogma der globalen Wettbewerbsfähigkeit beruhe wie jede einseitige Ideologie auf wenigen simplen Hypothesen. Das Hauptziel der von den postindustriellen Staaten unterstützten TNK bestehe darin, »stark genug zu werden, um die Konkurrenten zu schlagen. Für Amerika sind die Hauptkonkurrenten Japan und Westeuropa. Für die Japaner sind es die USA und Westeuropa. Für die westeuropäischen Lander sind es der Rest Westeuropas sowie die USA und Japan. Für Südkorea sind es die Japaner, Singapur, Taiwan und zunehmend auch das chinesische Festland. Die Überzeugung, daß unsere Gesellschaften vollständig in einen gnadenlosen Wirtschaftskrieg eingebunden sind, hat sich – parallel zum Ende des Kalten Krieges – immer mehr durchgesetzt.«[192] Nur die Gewinner, die mit der größeren Wettbewerbsfähigkeit, hätten demnach das Recht, ihren Weg fortzusetzen und um künftige Eroberungen zu kämpfen. Diese »Siegerlogik«, angeschoben von den Topmanagern, wird besonders in den USA zunehmend internalisiert. Ihr zufolge können die TNK jegliche Unterstützung von den Bürgern ihrer Länder verlangen, ja das Gemeinwohl und die Interessen der Gesellschaft reduzieren sich auf die Belange der TNK.[193]

Entstehen derartige kollektive Feindbilder zufällig? Oder werden sie künstlich und bewußt von bestimmten Interessenkreisen erzeugt? Sind sie vielleicht gar notwendig, weil Gesellschaften, Wirtschaftsblöcke, Interessengemeinschaften nationale oder regionale Antagonismen brauchen, um sich gegenüber anderen Gesellschaften oder Wirtschaftsformen zu profilieren, sich von ihnen abzusetzen, um sie bekämpfen und besiegen zu können?

Robert Reich erklärt im Nachwort seines Buches »Die neue Weltwirtschaft«[194], daß der Untergang der Sowjetunion die USA in eine ernste Krise stürzte, denn nach dem Ende des Zweiten Weltkriegs habe der Kontrast ihres Landes zur Sowjetunion die Identität der Amerikaner gesichert: Die USA – die »Stimme der Vernunft« und die »einzige Hoffnung auf tatsächlichen Wohlstand« – verkörperten das Licht, der Sowjetkommunismus die Dunkelheit. Der Sowjetkommunismus, eine »betörende Verführerin«, lockte die Armen und Naiven auf dem Erdball »mit falschen Versprechungen eines irdischen Paradieses«. Die Amerikaner richteten 45 Jahre lang ihre Kräfte vornehmlich darauf, der UdSSR Paroli zu bieten. »Für uns war es wie eine mythische Schlacht ..., ausgetragen auf der Weltbühne unter der immerwährenden Drohung eines apokalyptischen Endes.« Ohne die Bedrohung aus dem »Reich des Bösen«, ohne die Rüstungsspirale und den Kalten Krieg, einen »Wettkampf um die Zukunft der Menschheit«, werde es kein »Gefühl staatlicher Zusammengehörigkeit« mehr geben, ja Amerika wäre »einer moralischen Autorität« beraubt, »die aus einer einzigartigen Kombination von Toleranz und Fairneß erwuchs«. Damit das »amerikanische Experiment«, »eine vielfältige Gesellschaft zu schaffen, die nicht nur ihre Liebe zu individueller Freiheit, sondern auch ihr Sinn für Gerechtigkeit verbinden sollte«, nicht zu Ende geht, hält Reich Ausschau nach neuen nationalen und kollektiven Zielsetzungen, nach einer starken äußeren Macht, so grundverschieden von den USA, daß sie seine Landsleute eben wegen dieses totalen Gegensatzes ständig daran erinnere, wer sie sind. Er findet einen »geeigneten Kandidaten« – Japan –, meint aber, das Finale eines Wirtschafts- und Technologiekrieges mit diesem Gegner sei offen: Er könnte einerseits den Vorwand liefern, die Friedensdividende zur Verbesserung des Gesundheits-, Krankenversicherungs- und Bildungssystems sowie zur Erneuerung der Infrastruktur zu nutzen, nach dem Grundsatz: Sofortinvestition in die zukünftige amerikanische Generation und High-Tech sind nötig, um die Herausforderung Japans zu beantworten. Andererseits könnte er sich als ebenso kostspielig und destruktiv erweisen wie der Kalte Krieg mit der UdSSR. Daher sei für die US-Bürger heute »die zentrale Frage«: »Werden wir imstande sein, unsere Identität und das Gefühl gegenseitiger Verantwortung zurückzugewinnen, ohne uns ein neues Feindbild schaffen zu müssen?«

Wenn man die Szenarien und Warnungen von Krugman, der Gruppe von Lissabon und Reich betrachtet, so kann man nicht umhin festzustellen, daß unsere Wirtschaftseliten mit ihrer Besessenheit von der Wettbewerbsfähigkeit, mit ihrer Siegerlogik, ihren Feindbildern, ihrem Streben nach brutalem Niederkonkurrieren des anderen und nach einem globalen Wirtschafts- und Technologiekrieg einen Sozialdarwinismus kultivieren, dessen Primitivität nicht mehr zu überbieten ist. Hier wird die menschliche Gesellschaft in das Reich der Tiere hinuntergezogen, wo der Stärkere zumeist den Schwächeren frißt. Und gleitet die menschliche Gesellschaft schließlich ab in ein solches Haifischbecken, gibt es tatsächlich nur noch den »Kampf ums Dasein«. Diesen kriminellen Mißbrauch des (Sozial-)Darwinismus hat niemand anders als der Nationalsozialismus vorgemacht. Die Völker müssen sich dagegen wehren, daß die Topmanager der postindustriellen Gesellschaft ihn nun in einem anderen Bereich nachvollziehen.

Wettbewerbsfähigkeit, Freihandel und die Prinzipien der Marktwirtschaft haben ihre philosophischen Wurzeln in Adam Smith' Werk »The Wealth of Nations« (1776). Nach Smith ist »die Arbeit die Quelle des Wohlstandes«. Erlaube man allen am Markt Beteiligten, ungehindert ihr Eigeninteresse zu verfolgen, führe das naturgemäß für alle zu den besten Resultaten. Auf dem freien Markt entstehe durch das Auftreten der »unsichtbaren Hand« (des Preises) beim Zusammentreffen von Angebot und Nachfrage – also dem »freien Spiel der Kräfte« – die größte Menge verteilbaren Wohlstands. Smith nannte das den »vollkommenen Wettbewerb«[195]. Warum nur hat es ihn nie gegeben?

83 Jahre später stellte Charles Darwin bei dem Versuch, die biologische Evolution zu deuten, in seinem berühmten Werk »On the Origin of Species«(1859) eine dem Denken von Smith verwandte Hypothese auf. Nach Darwin verfolgt jede Art beim »Kampf ums Überleben« ihren Eigennutz. Wer sich am besten »anpassen« könne (»survival of the fittest«), überlebe – keineswegs der »Beste« oder gar der »Stärkste«, wie moderne Sozialdarwinisten in aller Welt für die menschliche Gesellschaft schlußfolgern.

Deren Lehre und ihre Anwendung ist ein Gebräu aus den klassischen Ideen von Adam Smith und David Ricardo sowie Erkenntnissen Charles Darwins und neoklassischen Gedanken Milton Friedmans. Zu den Grundprinzipien der Manager gehört, daß es letztlich gut für alle sei – Massenarbeitslosigkeit hin, Massenarbeitslosigkeit her –, wenn sich der Stärkste im globalen Wirtschaftswettbewerb durchsetzt und die anderen aus dem Markt hinauswirft, sie niederkonkurriert, sie vernichtet. Eine solche Programmatik greift auch auf Gedanken des österreichisch-amerikanischen Sozialökonomen Joseph Schumpeter (1883–1950) zurück, der behauptete, im wirklichen Kapitalismus gehe von der neuen

Technologie, dem neuen Produkt, dem neuen Angebot, dem neuen Organisationstyp, der zu immer größeren Kontrolleinheiten hin tendiere, ein Wettbewerb aus, der entscheidende Kosten- oder Qualitätsvorteile erkämpfe, weil er nicht bloß die Profitmargen oder den Output der bestehenden Konkurrenten angreife, sondern gleich die Grundfesten ihrer Existenz. Diese Dynamik, diese Form der »industriellen Mutation« revolutioniere die ökonomische Struktur von innen.[196]

Das tatsächliche Resultat solch »kreativer Zerstörung« des Bestehenden sind Oligopol- bzw. Monopolgebilde in der globalen Wirtschaft und nicht der »vollkommene Wettbewerb« eines Adam Smith und die »Vielfalt«, von der Darwin gesprochen hat. Charles Darwin erklärte, wie die »Arten-Vielfalt« im Verlauf der Evolution zunimmt; die Primitivform des globalen Wettbewerbs – die globale Wettbewerbsobsession – vernichtet gerade solche Vielfalt und schafft Einfalt.[197]

Die einseitige, mißbräuchliche Interpretation der Darwinschen Lehre durch die Apostel der »quasi-sozialdarwinistischen« Wirtschaftstheorie ist mehr als fahrlässig, zumal wenn sie fälschlich als das »Recht des Stärkeren« uminterpretiert wird, den Schwächeren zu vernichten. Darwin hat die »Zunahme der Vielfalt« mit der Auslese der Überlebenstüchtigen erklärt, doch das »ständige Zusammenspiel zwischen Variation und Selektion« nachgewiesen und mit vielen empirischen Beispielen gezeigt, daß dieses Zusammenspiel zu einer fortschreitenden Spezialisierung, zur Vielfalt und ebenfalls zur optimierten und naturverträglichen Nutzung der knappen Ressourcen führt.[198]

Die Behauptung der Lehrbuchökonomen, die Reduzierung der Sorten und Erzeugnisse gehe auf Konsumentenwünsche zurück, ist schlichtweg falsch. Die industrielle Weiterverarbeitung lohnt sich nur für Produkte, die in hoher Stückzahl auf den Markt kommen und sich schnell absetzen lassen. Ein Unternehmen, das seltene oder schlecht zu vermarktende Sorten und Produkte anbietet, hat im Zeitalter der Wachstums- und Wettbewerbsbesessenheit geringere Überlebenschancen.

Vielfalt ist für die modernen Wettbewerbsökonomen wie Richard D'Aveni nur akademisches Gerede bzw. Human-Duselei. Er setzt Tier- und Menschenwelt in eins. Wettbewerb sei Krieg mit anderen Mitteln, proklamiert er in seinem 1994 erschienenen Buch »Hypercompetition«, das sich in den USA lange auf der Bestsellerliste für Sachbücher hielt. Wirtschaftskrieg liegt für ihn im Wesen der menschlichen Natur. Nur der Stärkste überlebe und habe dann das Recht, seine Organisation dem Unterlegenen durch »feindliche Übernahme« (hostile takeover) etc. aufzudrängen oder ihn gar zu zerstören. Ohne dieses Prinzip gäbe es keinen Fortschritt. Schumpeter läßt auch hier grüßen.

Der globale Wettbewerb treibe die TNK zu immer schnellerer Technologieerneuerung und zu immer größerer »technologischer Massenarbeitslosigkeit« an, diese sei daher unvermeidlich und systemimmanent. Wer nicht innovativ genug war, nicht schnell genug rationalisierte – nicht schnell genug Arbeit durch modernste Technologie ersetzte –, sei »nicht lebensfähig«.[199]

Aus einer solchen Programmatik könnten sich internationale Spannungen ergeben, die an latenter Gefährlichkeit denen des Kalten Krieges kaum nachstehen – vom Schicksal der immer größer werdenden Reservearmee der Arbeitslosen ganz abgesehen.

Wettbewerb und Kooperation, Aggressivität und Solidarität sind koexistierende, häufig konfligierende Dimensionen unserer sozialen Existenz. Die sozialdarwinistische Wettbewerbsideologie ignoriert oder entwertet Kompromiß, Kooperation und Solidarität. Für unsere Wirtschaftselite und ihre wissenschaftlichen Apologeten zählen sie als künstliche, wenn nicht gar kranke Hirngespinste intellektueller »Do-Gooders« (Guttuer) bzw. unrealistischer, romantischer Weltverbesserer zum unnötigen Sozialklimbim. Viele dieser Brutal-Darwinisten lassen sich wie D'Aveni von der Prämisse leiten, der Mensch und seine Taten seien rein egoistischer, aggressiver und eigennütziger Natur.[200] Doch die zoologische Forschung hat Thomas Hobbes' berühmte These, der Mensch sei dem Menschen ein Wolf, längst widerlegt. Niemand kann heute bestreiten, daß Wölfe eine »fast unüberwindliche Beißhemmung«[201] gegenüber schwächeren Artgenossen haben.

Egoismus und Aggression sind erst recht kein unabänderliches oder gar von Genen diktiertes Wesensmerkmal des Menschen, zweitausend Jahre abendländischer Kultur und christlicher Ethik- und Morallehre haben dies eindeutig bewiesen. Und moderne Konflikt- und Kooperationsforscher bestätigen, daß eine von gegenseitiger Achtung geprägte Kooperation häufig motivierender und befriedigender als jeder Wettbewerb sein kann. Auch das Lösen wissenschaftlicher Probleme und die schöpferische Innovation wird durch Konkurrenz oft behindert, aber durch Teamwork gefördert.[202]

Margret Mead, Noam Chomsky, Frederick Wilson, Theodore Roszak, Neil Postman, Ernst Ulrich von Weizsäcker, Carl Friedrich von Weizsäcker, Dieter Senghaas, Irenaus Eibl-Eibesfeldt, Johan Galtung, Theodor Ebert und viele andere renommierte Theoretiker kamen zu dem Resultat, das in der menschlichen Natur vorhandene Potential für Aggression basiere auf einer Art unbewußtem Überlebenswillen, der sich in Gewaltanwendung und kriegerischen Auseinandersetzungen äußern könne, wenn man einzelnen Gruppen oder Völkern die Überlebenschance entreiße, ihnen zum Beispiel die Nahrungsmittelgrundlage nehme, wenn soziale Ungerechtigkeit, Hungersnot und Ausbeutung die Existenz bedrohten; wenn politische oder wirtschaftliche Machtgruppen aus Eigeninteresse heraus »ihren Staatsbürgern« durch bewußte Manipulation einen »äußeren

Feind« aufdrängten, der dann scheinbar das eigene Gemeinwohl angreife und zerstören wolle. Oder wenn ein Volk durch seine Machthaber in einen rassischen, kulturellen oder religiösen Überlegenheits- oder Auserlesenenwahn getrieben werde, der nur zu oft zum Ausgangspunkt für die Unterdrückung anderer Völker oder gar für Weltherrschaftsziele werde. Sei er erst einmal so in die Enge getrieben, werde der Mensch kämpfen bzw. zum Kämpfen gezwungen, er sei dann bereit, Gewalt auszuüben.[203]

Der Wille zur Konkurrenz und Aggression ist ohne Zweifel ein kräftiger Antrieb für Handlungen, Motivationen und Innovationen. Aber er hebt weder andere Potentiale des Menschen auf, die aus dem gleichen Überlebenstrieb resultieren, noch die Notwendigkeit der Kooperation und der Solidarität. Seien die Grundbedürfnisse – Ernährung, Kleidung, Behausung , Aufziehen der Nachkommenschaft – gesichert, gebe es soziale Gerechtigkeit, könne massenpsychologische Manipulation oder Faschismus – und ich füge hinzu: Sozialdarwinismus – ausgeschlossen werden, werde der Mensch alles versuchen, Konflikte auf friedlichem Wege, vor allem durch Kooperation und Kompromisse, zu lösen. Er werde das Interesse am Krieg verlieren, da dieser ihn selbst zerstören könne, also eigentlich dem Überlebenswillen total entgegengesetzt sei.[204]

2. Die Besessenheit von der Wettbewerbsfähigkeit und vom grenzenlosen Wachstum

Scheinbar unaufhaltsam haben sich Automatisierung, Umweltzerstörung und rabiater Kapitalismus ausgebreitet, schaffen unvorstellbare Formen von Massenarbeitslosigkeit, beginnen unser Sozialgefüge zu zerstören, verwirklichen eine nun noch rasanter auf uns zustürzende, globale Ausbeutungsökonomie.

Die jährlichen Kohlenstoffemissionen, die das im Zusammenhang mit dem Treibhauseffekt gefährlichste Gas, nämlich Kohlendioxid, produzieren, haben nach der UN-Konferenz über »Umwelt und Entwicklung«, die 1992 in Rio de Janeiro stattfand, einen neuen Höchststand erreicht und verändern schon jetzt die Atmosphäre und das Temperaturgleichgewicht der Erde.

Die Welt ist beträchtlich hinter dem damals gesteckten Hauptziel einer dauerhaft überlebensfähigen und umweltgerechten globalen Wirtschaft zurückgeblieben. Der Grund dafür ist nicht mehr allein die Wachstumsbesessenheit des globalen Kapitalismus, sondern ebenso die Wettbewerbsobsession dieses zum Turbokapitalismus ausgearteten Systems.[205]

Seit 1992 hat sich die Weltbevölkerung um etwa 450 Millionen Menschen vermehrt. Das sind mehr als die Anzahl der Einwohner der USA und Rußlands zusammengenommen. In der gleichen Zeit gingen die Anbauflächen für Nahrungsmittel wegen industrieller Nutzung, Abholzung und Erosion erheblich zurück. Hungersnot, Massenarmut und die Migration von Millionen von Flüchtlingen in der Dritten Welt nehmen mit exponentieller Geschwindigkeit zu. Nach jüngsten Untersuchungen der UN (U.N. Development Programme; Human Development Report 1996) können in unterentwickelten Ländern rund 1,3 Milliarden Menschen ihre Grundbedürfnisse an Nahrungsmitteln und Unterkunft nicht decken.[206] Die postindustriellen Staaten der Triade unternehmen kaum etwas gegen diese Tragödie, und die UNO ist sowieso machtlos. Sie forderte in der »Rio-Agenda 21«, die reichen Triadeländer sollten eine Entwicklungshilfe von mindestens 0,7 bis 1 Prozent ihres Bruttosozialprodukts (BSP) leisten. Doch sie zahlen heute durchschnittlich nur zwischen 0,1 und 0,3 Prozent ihres BSP an die Armen dieser Welt – der niedrigste Stand seit 1973 –, ein Tropfen auf den heißen Stein. Grund dieser Abkoppelung der Dritten Welt:

Die ökonomisch fortgeschrittenen Staaten brauchen alle finanziellen und technologischen Ressourcen für sich selbst, für den mörderischen Wettbewerb untereinander.[207]

Auch die biologischen Reichtümer der Erde (die Artenvielfalt, von der Charles Darwin sprach) sind in den vergangenen fünf Jahren – vor allem wegen Raubbau – rapide und irreversibel vermindert worden. Sowohl in arktischen und gemäßigten als auch in tropischen Zonen wurden riesige Gebiete mit alten Waldbeständen, die »grüne Lunge der Menschheit« (besonders in Brasilien, Malaysia, Indonesien, USA, Rußland und Kanada) dezimiert oder ganz abgeholzt und dadurch Tausende von Tier- und Pflanzenarten ausgerottet. Feuchtgebiete und Korallenriffe mit großer biologischer Vielfalt erlitten ein vergleichbar katastrophales Schicksal.[208]

Globales grenzenloses Wachstum und Wettbewerbsobsession ruinieren nicht mehr nur einzelne Regionen der Erde, sondern den ganzen Globus. Wenn zum Beispiel immer mehr Regenwälder in Brasilien, Südostasien und Nordwestkanada abgebrannt und abgeholzt werden, droht die Gefahr eines Zusammenbruchs der irdischen Ökosphäre. Dann steht die Bewohnbarkeit des Planeten insgesamt auf dem Spiel, denn ohne die Existenz großer Waldflächen werden sich die Bedingungen auf der Erdoberfläche grundlegend ändern. Und das in einer Weise, die mit dem Überleben unserer Zivilisation nicht länger vereinbar ist.

Die Brandrodungen auf den indonesischen Inseln Sumatra, Borneo und Irian Jaya im Jahr 1997 führten zu einem ökologischen Gau in den südostasiatischen Staaten Thailand, Malaysia, Philippinen und Indonesien. Beißender, tödlicher Smog breitete sich im September über diese Region aus. Hunderttausende litten unter akuter Atemnot, Tausende starben an Emphysema.[209]

Das vor allem durch industrielle und private Verbrennung von Kohle, Öl, Naturgas und Holz freigesetzte Kohlendioxid (CO_2) würde sich in der Atmosphäre rasch konzentrieren, wenn es nicht auf der Erde wieder verbraucht würde. Die Aufgabe dieses CO_2-Verbrauchs fällt größtenteils den Wäldern und Pflanzen zu. Sie nehmen das Kohlendioxid auf und erschaffen aus ihm, unter Zuhilfenahme von Bodenmineralien und Wasser, komplexer gebaute organische Moleküle, vor allem Stärke, Zucker und Fette. Als Energiequelle hierfür dient ihnen das Sonnenlicht.

Bei diesem als Photosynthese bekannten Prozeß wird Sauerstoff frei und in die Atmosphäre abgegeben, die so für Menschen und Tiere im Laufe der Erdgeschichte zur Atemluft geworden ist. Wälder und Pflanzen sind als biologischer Kohlenstoffspeicher und wegen der Abgabe des Sauerstoffs für die Atemluft das biologische Fundament allen menschlichen und tierischen Lebens. Wir sind nun dabei, diesen Kreislauf definitiv zu zerstören – und damit das Leben auf der Erde. Unser Wirtschaftssystem führt einen Vernichtungskrieg gegen die Umwelt.[210]

Die modernen Barbaren, Manager und Verfechter unbegrenzten Wirtschaftswachstums, haben schon zu lange ihre Milchmädchenrechnung aufgemacht. Sie setzten voraus, daß die mineralischen Rohstoffe und fossilen Energiequellen unserer Erde als unbegrenzte Ubiquitäten bis in alle Ewigkeit zum Abbau zur Verfügung stünden. Und sie glauben anscheinend immer noch, man könne alle möglichen Abgase – erzeugt durch Verheizen von Öl, Kohle, Erdgas und das Verbrennen von Holz und Benzin in Automotoren – und andere CO_2-Emissionen in die Atmosphäre hineinblasen, ohne das Klima entscheidend zu verändern.

1990 veröffentlichte der Club of Rome erneut eine Studie über die Auswirkungen der Wachstumsbesessenheit unter dem Titel »Die Herausforderung des Wachstums«, an deren Zusammenstellung Experten vieler Länder beteiligt waren. Sie kamen zu dem Ergebnis, daß sich die Bestände vieler wesentlicher mineralischer Rohstoffe bei fortdauernden jährlichen Nachfrage- und Verbrauchszuwachsraten von durchschnittlich drei bis fünf Prozent zwischen 2000 und 2050 dem Ende zuneigen werden.[211] Zu diesem Schluß gelangten auch die Autoren der ersten Club-of-Rome-Studie (»Die Grenzen des Wachstums«, 1972), Donella und Dennis Meadows und Jorgen Randers, in ihrem Buch »Die neuen Grenzen des Wachstums« (1992).[212] Sie demonstrierten, daß exponentielles Wachstum – hier ist der jeweilige Zuwachs zur vorhandenen Größe proportional, das heißt der jeweilige Zuwachs verdoppelt sich – in andauernde Nachhaltigkeit umgelenkt werden muß, um einen globalen Zusammenbruch zu verhindern.

Von den Apologeten des real existierenden Turbokapitalismus wird jede Frage nach dem Sinn des Ganzen, jeder Zweifel, ob wir nicht auf Kosten nachfolgender Generationen leben, im Keime erstickt, ja als Sünde gegen die Vernunft und die sogenannten ökonomischen Sachzwänge gebrandmarkt. Der Grund ist klar: Ohne das tragende Netz dauerhafter Wachstumsraten droht diese Perversion einer Wirtschaftsordnung ins Bodenlose zu stürzen. Sie duldet keinen Stillstand, weder ein Absinken der Zuwachsraten noch ein System vernünftigen selektiven Wachstums. Der deutsche Wirtschaftswissenschaftler Karl Georg Zinn merkte bereits im Jahre 1980 an: »Wenn sich herausstellen sollte, daß der kapitalistische Wachstumsprozeß, die Effizienz des Kapitalismus, historisch gesehen als enorme Verschwendung und Zerstörungsproduktion zu beurteilen ist, so bedeuten die zweihundert Jahre kapitalistischen Wachstums den Beginn einer Epoche der Armut in der Entwicklung der menschlichen Gesellschaft.«[213]

Genauso wie die Manager das ständige Wirtschaftswachstum nicht begrenzen wollen, wollen sie die ungezügelte Wettbewerbsfähigkeit nicht bremsen. Doch im obsessiven Wettbewerb gibt es nicht nur für Verlierer kein Pardon. Dieser gnadenlose Kampf zerstört das ganze System von innen, denn die Vielfalt wird immer mehr und schneller reduziert.

Selbst bisherige Gewinner werden umdenken müssen. Die jüngsten Finanzkrisen in Südostasien zeigten, wie stark ungezügelter Wettbewerb den freien Markt untergräbt. Daß Wettbewerbsfähigkeit keinen Wert mehr darstellt und das Gesamtsystem kollabieren wird, wenn jeder gegen jeden konkurriert, sollte einem allein der gesunde Menschenverstand sagen. Um zu überleben, braucht das komplexe System Marktwirtschaft die Vielfalt seiner Akteure.

Auf die weltweite Herausforderung, Strategien gegen unbegrenztes Wachstum, Zerstörung und Verschwendung umzusetzen sowie die globale Wettbewerbsobsession zwischen den Triade-TNK – und die infolgedessen entstandene und bislang unvorstellbare Massenarbeitslosigkeit – durch internationale kooperative Maßnahmen zu bremsen, ist bis heute nicht reagiert worden. Der Umweltgipfel 1992 war letztlich ein Flop. Die Spaltung der Welt in reiche Nutznießer aus dem Norden und Habenichtse aus dem Süden verhinderte konkrete Beschlüsse, ja die größten CO_2-Emittenten und Energieverbraucher, die USA, blockierten mit ihrem Vetorecht noch den letzten schwachen Kompromißversuch. Auch andere UN-Konferenzen und -Vorschläge zur Regulierung der Wettbewerbsideologie der TNK drohen an der Macht und dem Veto der Triade-Regionen zu scheitern. Kyoto war dafür ein eindrückliches Beispiel (vgl. dazu S. 178f).

Gigantische »Marshall-Pläne«, die US-Vizepräsident Al Gore in seinem Buch »Earth in the Balance« fordert,[214] werden diese weltweiten Probleme ebensowenig lösen helfen wie die von der Gruppe von Lissabon vorgeschlagene »allmähliche Umwandlung der UNO-Generalversammlung in einen Weltsenat oder Weltbundesrat« oder gar in eine »globale Bürgerschaftsversammlung«[215]. Solche Einheiten sind einfach zu groß, zu bürokratisch – und deshalb zu ohnmächtig, zu entscheidungsunfähig. Sie besitzen weder genügend Macht noch Gewaltmittel (»law enforcement«), um diese Ideen, Pläne und Maßnahmen durchzusetzen, sie wären, wenn überhaupt durchsetzbar, letztlich impotent.

Außerdem beherrschen und regieren uns weder UNO noch sonstige »Weltpolitiker«, sondern in Wirklichkeit die weltweit, aber außerhalb dieser UN-Organisationen agierenden Topmanager der TNK. Sie sind zugleich die einzigen, die für die globale Wettbewerbswirtschaft gerüstet sind. Gerade das aber ist das fundamentale Problem der heutigen Globalisierung: die schnell fortschreitende Abkopplung der global organisierten, agierenden, vernetzten wirtschaftlichen Macht der Industrie-, Finanz- und Dienstleistungsunternehmen von den politischen Institutionen, von der repräsentativen Demokratie, von den sozialstaatlichen Errungenschaften, die allesamt national beschränkt bleiben. Ja, die Politik stellt sich gar in den Dienst dieser Macht. Die nationalstaatlichen Behörden sehen es heute als ihre selbstverständliche Pflicht an, die globale Wettbewerbsfähigkeit »ihrer« TNK zu garantieren.

Der Staat überträgt den globalen Spielern zunehmend die Aufgabe, für die wirtschaftliche und soziale Wohlfahrt seiner Bürger zu sorgen. Dadurch erhalten die transnationalen Konzerne die notwendige Legitimation, ihre Eigeninteressen, ihre Wettbewerbsfähigkeits-Besessenheit zu verfolgen. Ergebnis: Aufgaben und Tätigkeiten der nationalstaatlichen Regierungen und des Wohlfahrtsstaates werden auf globaler Ebene außer Kraft gesetzt, sie werden durch die imperialen, oligarchischen Machtstrukturen und weltweit integrierten Netzwerke der TNK umgangen.[216]

Die Lissabonner Forscher propagieren einen runden Tisch »der 1000 größten Unternehmen der Welt«. Sie hoffen auf eine sich entwickelnde »globale Zivilgesellschaft«, in der sich die rund 40000 TNK – unter paternalistischer Führung der 1000 mächtigsten – »Weltverträgen« beugen, die vom neuen »Weltstaat« (besetzt von Weltpolitikern der erneuerten UNO) ausgearbeitet würden. Mit Hilfe dieser »Weltverträge« sollen arme Nationen, die »ausgegrenzten Verlierer des globalen Wettbewerbs«, Mittel von reichen Staaten erhalten und die »Grundbedürfnisse« der Ärmsten der Welt befriedigt werden.[217]

Soviel Weltfremdheit erstaunt, haben die Autoren doch – auch in ihrem »Überlebens-Szenario« – ausführlich dargestellt, wie feindlich, gar räuberisch die TNK miteinander umgehen, wie sehr der Wettbewerbsexzeß am Ende allen schadet, da er zu immer höherer Arbeitslosigkeit und einer gezielten Verarmung derer führt, die noch einen Job haben. Nun glauben sie plötzlich, daß die »1000 größten Unternehmen« als »globale Partner« friedlich an einem runden Tisch alles auf einer humanitären Basis lösen, kooperativ handeln und solidarisch agieren könnten?

»Weltpläne«, globale Vorstellungen und ganzheitliche Ideen sind zwar unabdingbar, um eine gerechtere Verteilung der Erdgüter zu erwirken, um den »ausgegrenzten Verlierern« in der Dritten und in der Ersten Welt zu helfen, um Wachstum und Wettbewerbskriege zu regulieren, Massenarbeitslosigkeit und Tittytainment zu bekämpfen, doch es erscheint mir nicht sinnvoll, auf eine theoretische Initialzündung zu warten, die Aktionen gegen die Globalisierung auslöst und bündelt. Zunächst sollten wir nach dem Motto »Global denken, lokal handeln« vorgehen und in kleineren Einheiten Organisationsformen, Tätigkeiten und Aktionen für ein menschenwürdiges Leben ohne Turbokapitalismus entwickeln, zum Beispiel

– in Großunternehmen neue Formen von Arbeitnehmer-Mitbestimmung in den Vorständen, den eigentlichen Entscheidungsträgern, durchsetzen,

– das nationale Gewerkschaftswesen modernisieren und stärken,

– durch zivilen Ungehorsam von Bürgerinitiativen (wie Umweltschützer und Friedensbewegung es noch kürzlich vorgemacht haben) Maßnahmen blockieren,

– durch Mitarbeit in kommunalen und nationalen Nicht-Regierungs-Organisationen (NGO) wie Ökoräten und Arbeitslosenhilfsorganisationen,

– durch Zusammenarbeit der Universitäten und Kirchen mit den NGO etc.

Dann könnten wir dazu übergehen, diese neuen Formen der Mitbeteiligung, Mitbestimmung und des zivilen Ungehorsams auf größere Organisationen zu übertragen.

Die Wirtschaftseliten wollen im Zuge des Turbokapitalismus den Sozialstaat abschaffen, der für den französischen Soziologen Pierre Bourdieu »zu den höchsten Errungenschaften unserer Zivilisation« zählt. Bourdieu, der nie zu den orthodoxen Altlinken gehörte, hat als Antwort darauf die Bildung einer »Europäischen Sozialunion« vorgeschlagen.[218] Diese Idee eines Europa, das nicht nur von Markt und Währung gekittet wird, sollte ernsthaft diskutiert werden. Die eben genannten außerstaatlichen, außerparlamentarischen Organisationsformen könnten von anderen Wirtschafts- bzw. Weltregionen wie NAFTA, Asiatischer Freihandelszone, Mercosur, Maghreb übernommen werden und so schließlich übergreifend wirken. Selbstverständlich könnte auch eine andere Region der EU beispielhaft vorangehen. Dies erscheint mir ein vernünftigerer, realistischerer Weg als der von der Gruppe von Lissabon vorgeschlagene Plan.

Auch der Bremer Wirtschaftswissenschaftler Ulrich Dolata vertritt die Position, eine Europäische Sozialunion »ließe sich mit entsprechenden politischen Mehrheiten« – vor allem mit einer aufgeklärten europäischen Arbeitnehmerschaft und dem immer größer werdenden Heer der Arbeitslosen sowie den von mir vorgeschlagenen neuen Organisationsformen – konkretisieren. Und zwar so, daß weder die innereuropäischen Handels-, Wirtschafts- und Forschungsbeziehungen darunter leiden noch mit einer umfangreicheren Auslagerung von Produktionsstätten aus Europa zu rechnen wäre.[219]

In der Tat muß der humane, fürsorgliche Staat mit seinen Hilfeleistungen für die Kranken, Bedürftigen, Arbeitslosen, Alten, Kinder usw. und dem Prinzip »einer für alle, alle für einen« – erkämpft von unseren Großeltern und Urgroßeltern – gegen eine ausbeuterische Wirtschafts- und Gesellschaftsordnung verteidigt werden. Anstatt ihn in seinen europäischen Ursprungsländern zu eliminieren, käme es heute darauf an, seine moderne Form durch ein adäquates Weltwirtschaftssystem über den ganzen Erdball zu verbreiten. Damit könnten wir auch die hohe Kindersterblichkeit und die Hungersnot in der Dritten Welt beseitigen helfen.[220]

Die Topmanager nutzen die Konkurrenz der wirtschaftlich und sozial schwachen Länder als Vorwand, um diese Grunderrungenschaften einer humanen Existenz – und letztlich die liberale Demokratie – auch bei uns in Frage zu stellen. Die Verteidigung sozialer Rechte ist völlig legitim – auch wenn die Manageroligarchie dies als eine Form von »Archaismus« hinstellt. Wer verfiele denn im Ernst auf den Gedanken, die Verteidigung geistiger Reichtümer der Nationen als Archaismus zu verurteilen und zum Beispiel die Werke eines Kant, Goethe und Hegel oder Mozart, Beethoven und Schumann zu negieren? Soziale Sicherheit und Recht auf Arbeit sind zumindest ebenso große und kostbare Güter wie Philosophie, Dichtung, Musik, bildende Kunst, sie zählen nicht umsonst zum erweiterten Katalog der menschlichen Grundrechte.

Perverserweise sind aber Barbaren am Werk, die mit brutalsten ökonomischen Mitteln und mit Hilfe der ihnen gefügigen Intellektuellen und Politiker den Stab über jene brechen, die mit ihren häufig als bloße Privilegien denunzierten sozialen Errungenschaften die Errungenschaften aller Männer und Frauen überall verteidigen.

Der Begriff oder besser der Mythos »Globalisierung« erweist sich unter diesen Gesichtspunkten als zentrale Waffe der wirtschaftlich Herrschenden. Sie instrumentalisieren ihn skrupellos, um sämtliche Schranken für den freien turbokapitalistischen Markt und die internationalen Finanzkräfte zu beseitigen. Der US-Amerikaner Wallace Katz kommt zu dem Fazit: »Die Unterschicht ist für die Globalisierung so wichtig, wie die Juden für den Nationalsozialismus wichtig waren: Sie ist der Sündenbock, den jeder hassen und verachten kann, und der für alle Übel einer versagenden Politik und Kultur verantwortlich gemacht werden kann. Die globalen Eliten verfolgen miese politische Taktiken gegenüber der Unterschicht (›workfare‹); die weißen Einheimischen verachten die Unterschicht als faul und kriminell, und die wirtschaftlichen Netzwerke der Immigranten schließen die Unterschicht aus (was der wahre Grund ist, warum die Schwarzen in amerikanischen Innenstädten noch nicht einmal die Jobs bekommen, die vorhanden sind).«[221]

Dieses Muster liegt auch den Argumentationen zugrunde, die alle wirtschaftlichen und sozialen Übel in den europäischen Ländern der Konkurrenz der Entwicklungsländer zuschreiben: Fabrikschließungen, Auslagerung, Entlassungen, Massenarbeitslosigkeit etc. Der Wettbewerb mit Regionen, wo man keinen Mindestlohn kennt, wo die Beschäftigten 12 Stunden pro Tag für ein Viertel oder ein Fünftel des in Europa gezahlten Lohns arbeiten, wo es keine Gewerkschaften gibt und Kinderarbeit an der Tagesordnung ist, zwinge die Unternehmer dazu, den Arbeitern hierzulande mehr »Flexibilität« und Verzicht aufzuerlegen – eine in vielerlei Hinsicht wohlfeile Rechtfertigung. Das bedeutet für die wenigen, die noch Arbeit haben: Nachtarbeit, Arbeit am Wochenende, unregelmäßige Arbeitszeiten, niedrigere Löhne und schrumpfende Sozialleistungen. Dieser »Terror der Ökonomie« (Viviane Forrester) – von den Topmanagern als vernünftig und unausweichlich deklariert – ist längst ein globaler Krieg. »Die beschuldigten Opfer handeln wie gewohnt und erfüllen die Rolle, die ihnen zugedacht ist.«[222] Daß sich an der ersten Arbeitslosenrevolte der europäischen Sozialgeschichte, die Anfang Dezember 1997 in Frankreich begann, nur eine Minderheit der Langzeitarbeitslosen beteiligten und keine Leute, die noch eine Arbeit haben, ist ein beredtes Beispiel für die Entpolitisierung, Entsolidarisierung und Erstarrung der abhängig Arbeitenden in Europa. Diesen mit dem ökonomischen Fatalismus und der sozialen Polarisation einhergehenden Prozeß haben Bourdieu und andere Kritiker der Globalisierung in kritischen Reflexionen angeprangert,[223] aber sie vermochten keine Gegenstrategie zu initiieren.

Der Neoliberalismus stellt mit dem Wohlfahrtsstaat all das in Frage, was am Staat fortschrittlich und universell (im Sinne Hegels) ist. Im Zuge des Niedergangs eines menschenwürdigen fürsorglichen Staatswesens müssen nicht nur die soziale Integration und Solidarität schwinden, der Staat wird sich nunmehr endgültig zu einem Herrschaftsinstrument der Manageroligarchie entwickeln, die die Massen in Knechtschaft versetzt und mit ihrem Tittytainment ruhigstellt.

Die Dinge, welche die neoliberale Ideologie heute als bloßen Ballast deklariert, als Hemmnis im globalen Konkurrenzkampf mit aufstrebenden Billiglohnländern – Sozialversicherung, Unfall- und Kündigungsschutz, Schutz vor Ausbeutung – gehören in der Tat zu den höchsten Errungenschaften der europäischen Zivilisation. Historisch gesehen ist der Staat um Armee und Polizei herum entstanden – als physisches Gewaltmonopol, als Unterdrückungsinstrument der Herrschenden. Erst am Ende eines langen Entwicklungsprozesses hat sich ein Kultur- und Sozialstaat, ein »Welfare State«, herausgebildet, der in der Lage ist, auch Umverteilung, Fürsorge und Solidarität zu gewährleisten. Das, was uns die globalen Spieler nun als neuen Staat präsentieren wollen, ist eine Regression auf den alten Unterdrückungsstaat, ja ein auf die Polizeifunktion der Repression reduzierter, verstümmelter Staat.[224]

Dagegen müssen wir uns wehren. Wir könnten versuchen, das europäische Erbe des fürsorglichen Staates mit Hilfe der Gewerkschaften – wie Bourdieu vorschlägt – durch eine Europäische Sozialunion zu retten. Im Moment sind die meisten Nationalstaaten mangels einer solchen Zukunftsvision außerstande, im Sinne des allgemeinen Interesses der europäischen Gemeinschaft zu agieren. Die Bürger müssen lautstark und konsequent von ihren Regierungen Programme fordern, die die fortschrittlichsten sozialen Errungenschaften der verschiedenen europäischen Staaten in sich vereinen und dem Aufbau eines europäischen Sozialstaates Priorität einräumen, auch vor der Entwicklung eines einheitlichen Marktes, einer einheitlichen Währung.[225]

Europa ist nämlich auch unter den Bedingungen der Globalisierung oder besser: Triadisierung ein umfassender, nicht häufig zum Auslagern einladender Groß-Standort, der sich in den nächsten 20 Jahren politisch so oder so gestalten läßt – wenn wir es wollen. Insbesondere Deutschland als technologisch wie wirtschaftlich führendes europäisches Land hat genügend Ressourcen, um sich – im Sinne Bourdieus – als Vorreiter eines sozialen und ökologischen Umbaus dieses riesigen Binnenmarkts zu profilieren.

3. Der Dritte Sektor

Fazit dieser Entwicklung: Der Turbokapitalismus räumt technischen Systemen und Instrumenten (Computer, Roboter) anstelle von Menschen Priorität ein. Menschen werden nur als Produzenten und Konsumenten angesehen – sie haben ansonsten keinen Wert. Die Spaltung der Weltbevölkerung in »Integrierte« und »Ausgegrenzte« wird vertieft.[226] Auch in den noch wohlhabenden Triade-Regionen muß die

Mittelklasse gegen den sozialen Abstieg kämpfen, wie der amerikanische Ökonom und Politstratege Edward Luttwak präzise registriert hat: »Der Turbokapitalismus verurteilt die meisten arbeitenden Amerikaner jedes Ausbildungsniveaus zu einem Leben in chronischer wirtschaftlicher Unsicherheit.«[227]

Die Reichen und Starken werden noch reicher und stärker, die Armen noch ärmer und schwächer und der Teufelskreis der individuellen und kollektiven Aggressivität weiter aufrechterhalten. Das wachsende Massenelend in der Dritten Welt und vor der eigenen Haustür wird billigend in Kauf genommen, soziale Rechte und Tarifverträge werden Zug um Zug abgebaut.[228]

Wir werden in eine mächtige Technologie-Revolution hineingestoßen werden, die so große soziale Veränderungen mit sich bringen wird wie noch nie zuvor in der Geschichte der Menschheit. Die Dritte Industrielle Revolution, die für die ominösen »20 Prozent der Gesellschaft«, die »neue Klasse der elitären Wissensarbeiter«, gutbezahlte High-Tech-Jobs zur Verfügung stellen wird, bedeutet zugleich für vier Fünftel, den »großen Rest, technologische Arbeitslosigkeit«.[229]

In der Arithmetik der Manager sind 80 Prozent nicht mehr länger gewichtiger als 20 Prozent. Sie werden diese Revolution unbarmherzig und mit rasanter Geschwindigkeit vorantreiben. Daß die klassische Erwerbsarbeit nicht mehr »unsere wichtigste Quelle sozialer Identität« sein kann, ist gewiß, aber die sich daraus für die Gesellschaft und den einzelnen ergebenden Konsequenzen zwingen uns, endlich neue Formen der Arbeitszeitverteilung, der Beschäftigung und ihrer Entlohnung zu finden.[230]

Die neue High-Tech-Revolution hat nämlich durchaus ein ungeheuer positives Potential. Sie könnte zum erstenmal in der modernen Geschichte für eine große Zahl der Arbeitenden – trotz allem Vorausgesagten – durch erhebliche Arbeitszeitverkürzung (20–25-Stunden-Woche) anstatt Massenentlassungen eine Befreiung von stupiden Arbeitsabläufen und langen Arbeitszeiten und damit mehr Freizeit bedeuten, Zeit für die Selbstverwirklichung – sei es für Kultur, Sport, Muße, Talentförderung, das Nachgehen eigener Begabungen oder die Arbeit in NGO, um nur einige Beispiele zu nennen.

Doch die gleichen technologischen Kräfte können sehr leicht (und so sieht die Wahrscheinlichkeit aus) die von den Managern anvisierte 80prozentige Massenarbeitslosigkeit der »Job-Verlierer« Realität werden lassen, eine Welt fast ohne Arbeiter, wenn diese – wegen der partikularen Interessen der Manager – nicht mehr am Arbeitsprozeß beteiligt werden sollen. Das könnte, ja müßte zu einer globalen Depression, zu Massenarmut und menschenunwürdigem Tittytainment führen, aber ebenso zum letztendlichen Zusammenbruch dieses gesamten, irrwitzigen Wirtschaftssystems wegen der fehlenden Kaufkraft der Massen.[231]

Der französische Philosoph und Soziologe André Gorz schlug bereits 1986 vor, alle sollten »weniger arbeiten«, »damit alle besser leben und ihren Lebensunterhalt durch Arbeit verdienen können«. Er empfahl sowohl eine »fortschreitende und massive Arbeitszeitverkürzung ohne Lohnausgleich« (1000 Stunden im Jahr) als auch »eine faire Aufteilung der unbezahlten Arbeit in der Privatsphäre«. Man dürfe die Verkürzung nicht auf unqualifizierte Berufe beschränken, da sonst die Segmentierung der Gesellschaft nur verlagert werde: »auf der einen Seite stünden die ... professionellen ›Eliten‹, die alle Macht- und Verantwortungspositionen monopolisieren; auf der anderen Seite stünde eine Masse von ... dequalifizierten und an den Rand gedrängten machtlosen Arbeitern mit reduzierter Arbeitszeit«[232] und von Arbeitslosen, die von der elitären Minorität dann als billige Dienstboten oder als Tagelöhner mißbraucht werden. Die Neubewertung der Arbeit und die steigende Masssenarbeitslosigkeit erfordern ein erhebliches Umdenken, auch von den Gewerkschaften. Sie müssen nicht nur für die Humanisierung der Produktionsarbeit und für Arbeitszeitverkürzung eintreten, sondern auch für eine Aufwertung der sozialen Arbeit. Gorz – und hier ist er sich mit dem US-Autor Jeremy Rifkin einig – hielt es für unabdingbar, bisher geringgeschätzte Tätigkeiten wie Pflege kranker Verwandter, Jugendbetreuung, Heimarbeit, Hausarbeit, Umweltschutz etc. aufzuwerten und zu belohnen.

»Ob uns eine utopische oder dystopische Zukunft bevorsteht«, so Rifkin, »hängt größtenteils davon ab, wie wir die Produktivitätszuwächse des Informationszeitalters verteilen.«[233] Eine faire und angemessene Verteilung der zukünftigen Produktivitätszuwächse würde nach Rifkin eine erhebliche Verkürzung der Wochenarbeitszeit für alle Beschäftigten erfordern und ebenso konzertierte Aktionen von wiedererstarkten, sich um soziale Belange kümmernden Regierungen, um die aus der Marktwirtschaft ausgegrenzten Massen mit alternativen Jobs und neuen Entlohnungsformen in einem »Dritten Sektor«, der »sozialen Wirtschaft«, zu versehen.[234] Ob es möglich sein wird, alle aus der Marktwirtschaft »freigesetzten« Menschen in diesem Dritten Sektor, also der Nicht-Marktwirtschaft, zu beschäftigen und zu bezahlen, bleibt dahingestellt – aber es ist eine Möglichkeit, um das Problem der Massenarbeitslosigkeit zu bewältigen.

VW hat gezeigt, wie High-Tech-Produktivitätszuwächse für Arbeitszeitverkürzungen genutzt werden können. Im Jahre 1993 führte Europas größter Autohersteller die 4-Tage-Woche mit insgesamt 30 Arbeitsstunden ein. Dadurch wurden 31000 Arbeitsplätze gerettet. Zwar sanken die Löhne durch 12 bis 15 Prozent Lohnverzicht, doch die Lohnsteuern für die VW-Arbeiter ebenfalls. Zudem wurden Weihnachts- und Urlaubsgratifikationen auf das ganze Jahr aufgeteilt, um die bisherige monatliche Kaufkraft und den Besitzstand der Arbeiter in etwa zu erhalten. Gehen plötzlich Großaufträge ein, wird die Wochenarbeitszeit durch »Überstunden« wieder erhöht. Diese Flexibilität der Arbeitszeit ist mit der Gewerkschaft tariflich vereinbart worden.[235]

In Italien forderten im gleichen Jahr die Auto- und Metallgewerkschaften unter dem Slogan »Lavorare Meno, Lavorare Tutti« (weniger arbeiten und jeder hat Arbeit) eine Arbeitszeitverkürzung auf 32 Wochenstunden. Der Vorschlag ist noch immer im Stadium der Diskussion. Eine ähnliche Forderung erhoben 1993 die Gewerkschaften in Frankreich. Sie wollten mit der Unterstützung der Mehrheit im Parlament die allgemeine Arbeitszeit von 39 Stunden pro Woche auf 33 senken, beginnend 1996. Die Regierungsumbildung und die Wühlarbeit der Managerlobbys machten diesen Vorschlag zunichte. Er hätte die Beschäftigung in Frankreich um 10 Prozent erhöht, zwei Millionen neue Jobs geschaffen, bei einer Lohnsenkung von 5 Prozent.[236] Die neugewählte Regierung unter dem sozialistischen Ministerpräsidenten Lionel Jospin hat diesen Vorschlag wieder aufgegriffen und will ihn nun per Gesetz verwirklichen.

In Deutschland unterbreitete der IG-Metall-Chef Klaus Zwickel im April 1997 den Vorschlag, in der Industrie die Arbeitszeit auf 32 Wochenstunden ohne vollen Lohnausgleich zu begrenzen. Er orientierte sich dabei – wie er selbst sagte – am »Vorbild VW«. Die Management-Verbände lehnten sofort ab. Warum, ist ziemlich klar: Sie wollen keine Arbeitszeitverkürzung, nicht einmal ohne vollen Lohnausgleich, weil sie dann immer noch die Restlöhne zahlen müssen. Sie wollen lieber entlassen, denn Arbeitslosigkeit ist für sie kostengünstiger, da dann der Staat per Arbeitslosenunterstützung für das lebensnotwendige Minimum einspringen muß.[237]

Ausgerechnet in dem Moment, wo Zwickel seinen großen Plan einer 32-Stunden-Woche präsentierte, stellte der VW-Vorstand den 93er Tarif und damit auch sein Arbeitszeitmodell in Frage und kündigte an, der Autokonzern wolle in einigen Bereichen – womöglich auch in der Produktion – billige, unter Haustarif bezahlte Teilzeit-Leiharbeiter einsetzen. Diese würden dann, wie in Großbritannien und den USA üblich, ohne Sozialversicherung arbeiten – das heißt, der Konzern müßte keine Lohnnebenkosten zahlen und wäre dann »wettbewerbsfähiger«.[238]

Gleichzeitig ließ der VW-Vorstand vermelden, daß seine Arbeiter schon heute nur noch 30 Stunden brauchen, um einen Golf zu bauen. »Schon bald«, schätzte Konzernchef Ferdinand Piëch ein, »werden es nur noch 20 sein. Dann wäre jeder dritte VW-Werker zuviel an Bord.«[239] Deshalb müsse die Arbeitszeit nochmals um ein Drittel reduziert werden, so der VW-Betriebsrat, der nun mit dem VW-Personalbüro gemeinsam an einem neuen Plan arbeitet, nach dem die Arbeiter »am Ende ihres Berufslebens weniger arbeiten könnten«. »Zeit-Wertpapiere« (durch Überstunden erkaufte Guthaben) und Belegschaftsaktien sollen den Mitarbeitern den »Vorruhestand schmackhafter« machen und so nicht nur die Wochenarbeitszeit, sondern auch die Lebensarbeitszeit verkürzen.[240]

Dieser VW-Plan – gekoppelt mit der 1993 vereinbarten Wochenarbeitszeit von 30 Stunden – konnte bei allen Detailproblemen ein Prototyp sein für generelle Arbeitszeitverkürzung sowie für eine gerechtere Verteilung der immensen Produktivitätszuwächse. Wenn die Zuwächse aber lediglich dazu dienen, Konzerngewinne, Stockholder Value, exorbitante Managementgehälter und -bonusse auszuschütten und die nun entstehende Elite von »High-Tech-Wissensarbeitern« unanständig hoch zu entlohnen – also nur dem »wertvollen« Fünftel der Gesellschaft zugute kommen –, dann wird die immer größer werdende Kluft zwischen Reich und Arm zu einem sozialen und politischen Aufstand führen – und zwar auf globaler Basis. Die Ausgegrenzten bei uns zu Hause und in der Dritten Welt werden sich – um zu überleben – dann ihren Anteil auf anderen Wegen und mit anderen Mitteln verschaffen müssen. Die rechtspopulistischen Rattenfänger stehen dafür schon Gewehr bei Fuß (Ross Perot, Jean-Marie Le Pen, Pat Buchanan, Umberto Bossi, Jörg Haider etc.), ebenso rechtsradikale Milizen und islamische Fundamentalisten. Unsere Gesellschaften brauchen vor diesem Hintergrund erst recht den Dritten Sektor.

Dieser Sektor – auch »Freiwilliger Sektor« genannt – umfaßt eine Vielzahl neuer Beschäftigungsmöglichkeiten in NGO-Bereichen wie Umweltschutz, Kranken- und Altenfürsorge, Recycling-Aktivitäten, Stadtteilpflege, Aufnahme elternloser Kinder, Arbeit in Gemeindezentren, Heimen, Sportvereinen, Jugendorganisationen, Tier- und Artenschutzorganisationen etc. – alles für die Gesellschaft elementar wichtige Aufgaben, die nicht allein freundlichen Dilettanten überlassen bleiben dürfen. Aber wer soll diese bisher häufig rein ehrenamtlich ausgeführten Arbeiten bezahlen und wie?

Wegen der ständig sinkenden Steuereinnahmen und der daraus folgenden, schon heute unglaublichen Staatsverschuldung werden die Regierungen kaum noch in der Lage sein, größere Investitionen in den öffentlichen Sektor (»Zweiter Sektor«) zu leiten, um Arbeitsplätze zu erhalten oder zu schaffen. Außerdem werden die staatlichen Behörden nicht mehr die nötigen Finanzmittel besitzen, um für den großen Rest Arbeitslosenunterstützung, Wohlfahrtsgelder, Sozialfürsorge, Kindergeld etc. zu zahlen. Der Staat kann von Arbeitslosen schlecht Arbeitslosenabgaben verlangen – einem nackten Mann kann man eben nicht in die Tasche greifen. Die High-Tech-Marktwirtschaft (»Erster Sektor«) braucht die Produktivkraft der Arbeiter nicht mehr, aber diese können wegen Mittellosigkeit nicht kaufen, was die Marktwirtschaft herstellt. Wer erschafft dann die notwendige Kaufkraft der arbeitslosen Massen, wenn auch der Staat dieses nicht mehr vermag? Dann ist selbst Tittytainment in Gefahr.

Arbeitszeitverkürzung allein wird in der globalen Marktwirtschaft das Problem der auf uns zukommenden 20:80-Gesellschaft langfristig nicht lösen können.[241] Der Dritte Sektor – der unabhängig von der Marktwirtschaft existieren würde – scheint der einzige Weg zu neuen Beschäftigungs- und Entlohnungsformen zu sein. Die Vision nicht-profitorientierter allgemeiner menschlicher Tätigkeit offeriert einen notwendigen Gegensatz zum puren Materialismus und Sozialdarwinismus des Turbokapitalismus. Die Mitarbeit im Dritten Sektor wird unter anderm motiviert sein durch den Dienst an Mitmenschen, an der Umwelt, durch ein Bewußtsein von der Zusammengehörigkeit aller Menschen auf dieser Erde, durch den Willen, die biologische Artenvielfalt zu schützen und zu erhalten. Und komme mir niemand mit dem Einwand, das seien blauäugige Traumtänzereien: So und nur so kann es gelingen, die Überlebensfähigkeit der menschlichen Gesellschaft zu sichern. Noch ist die von Gewinn, Wachstum und Wettbewerbsfähigkeit besessene Marktwirtschaft dominierend. Aber im 21. Jahrhundert werden private Marktwirtschaft und staatlicher öffentlicher Sektor eine immer geringere Rolle im täglichen Leben der Menschen spielen. Der Dritte Sektor wird wesentliche Bedeutung erlangen –wenn wir mit Hilfe der Regierungen, die heute noch als »willenlose Helfershelfer« einer von Wettbewerbsfähigkeit besessenen Marktwirtschaft agieren, ihn dazu durch »neue Beschäftigungs- und Entlohnungsformen ermächtigen können«.[242]

Im März 1994 äußerte sich der US-Ökonom Don Kennedy in einem Interview mit Jeremy Rifkin zu den Folgen einer immer größer werdenden technologischen Arbeitslosigkeit und einer möglichen zukünftigen Entlohnungsform für den Dritten Sektor: »Was passiert in Zukunft, wenn wir die besten Produkte herstellen, zu den niedrigsten Kosten, mit der höchsten technischen Qualität, und niemand kann es sich leisten, sie zu kaufen? Wir müssen endlich wieder begreifen, daß die Nachfrage nach Gütern und Dienstleistungen eine Funktion des Einkommens ist. Deshalb müssen wir über neue Formen der Einkommensverteilung nachdenken und nicht nur über Entlassungen, um Kosten zu senken. Unser Problem ist doch: Wie bringen wir Einkommen und damit Kaufkraft zu den Massen, die in der Marktwirtschaft keine Beschäftigung mehr finden ... Wenn in Zukunft die arbeiterlose Technologie den materiellen Wohlstand der Gesellschaft produziert, dann müssen wir einen gänzlich neuen Weg herausfinden, um diesen Wohlstand zu verteilen. Und zwar müssen wir ihn außerhalb der Marktwirtschaft finden, nämlich im sozialen Bereich.«[243]

Robert Reich hat überzeugend begründet, warum in den USA die vier Fünftel, »deren wirtschaftliche Zukunft auf der Kippe steht«[244], nicht lauthals eine neue Sozialpolitik fordern: Dies wäre das Ende des Amerikanischen Traums, »jeder« könne zu den Aufsteigern gehören und selbst reich werden. »Theoretisch« könnte die große Mehrheit der Wähler »verlangen, die blühenden Einkommen der Symbol-Analytiker proportional höher zu besteuern und den Erlös auf sie zu übertragen – entweder direkt, in Form von Einkommensverbesserungen, oder indirekt in Gestalt öffentlicher Investitionen in ihre Schul- und Berufsausbildung, ihre Gesundheit, gute Straßen, sauberes Wasser und Erholungsmöglichkeiten«. Daß »die unteren vier Fünftel der Amerikaner solche Forderungen gegenüber dem oberen Fünftel durchsetzen können«, erscheint dem Skeptiker Reich jedoch »höchst unwahrscheinlich«.[245]

Die Duldsamkeit der weniger Bevorzugten resultiere aus einem »Mangel an fundamentalem Wissen« und einer fortdauernden »Dominanz des rudimentären Denkens«: Die Amerikaner seien davon überzeugt, daß »die Reichen ihre Stellung in der Gesellschaft aufgrund eigenen Verdienstes« erreichten. Sie betrachteten deren Reichtum als »Ausdruck ihres Wertes«. »Die Reichen von ihrem Reichtum zu trennen wäre gleichbedeutend mit einer ungerechtfertigten Konfiszierung.« Die Reichen sollten »Steuern zahlen wie jeder andere auch, und daß sie eine größere Summe zahlen als der Rest der Bevölkerung, ist auch nur gerecht, weil das Opfer, das sie hierdurch erbringen, proportional nicht größer ist. Doch sollten sie nicht gezwungen werden, eine unverhältnismäßig größere Last als die übrigen Bürger zu tragen.«[246]

Noch immer seien die meisten Amerikaner überzeugt, für das wirtschaftliche Wohlergehen des Landes habe »der private Profit erste Priorität« und der Staat könne es sich nicht leisten, mehr Geld für die Infrastruktur, Kranken- und Gesundheitsfürsorge, Bildung und Wohlfahrt auszugeben. Alle US-Bürger müßten vielmehr dafür sorgen, daß die amerikanischen Investoren hoch motiviert blieben, ihr Kapital aufs Spiel zu setzen. Reich vermutet, die Diskrepanz »zwischen Schein und Wirklichkeit« sei »fürs erste« noch nicht groß genug, damit seinen Landsleuten endlich ein Licht aufgeht.[247]

Rifkin dagegen ist von einem geradezu euphorischen Glauben an das Funktionieren eines Dritten Sektors erfüllt, der unter anderem über Besteuerung des in der Marktwirtschaft noch tätigen oberen Fünftels der Gesellschaft ermächtigt und finanziert werden soll. Er stützt sich auf Milton Friedman. Dieser oberste Marktideologe des Westens plädierte erstaunlicherweise für ein von der »Regierung garantiertes jährliches Minimumeinkommen« (»a government guaranteed annual minimum income«) für die »Arbeitslosen, Bedürftigen und Wohlfahrtsempfänger«. Der auch als Wirtschaftsberater der Reagan-Administrationen tätige Ökonom vertrat diese Position natürlich nicht aus purer Menschenliebe, sondern um adäquate Massenkaufkraft für die US-Wirtschaft zu sichern.[248]

Friedman befürwortete die Einführung einer »negativen Einkommenssteuer« als Ersatz für das ihm verhaßte und seiner Meinung nach »fehlgeschlagene Wohlfahrtssystem« (the failed welfare system): »Zahlt den Wohlfahrtsempfängern diesen Minimallohn direkt in bar aus, damit sie ihre persönlichen Entscheidungen für ihren Konsum in Eigenverantwortung auf dem freien Markt treffen können, ohne die Diktate der Washingtoner Bürokratie.«[249]

Rifkin nahm diesen Plan auf und entwickelte daraus den Vorschlag, im 21. Jahrhundert die Massen der Arbeitslosen über eine solche Besteuerung für Beschäftigung im Dritten Sektor auszubilden und sie dann für ihre Arbeit in dieser »sozialen Wirtschaft« mit einem »Sozialeinkommen« zu entlohnen. Der Unterschied wäre, daß die von der Dritten Industriellen Revolution entlassenen Massen nicht wie zuvor für Nichtarbeit, sondern eben für wirkliche Arbeit im Dritten Sektor bezahlt würden.[250]

Wie Friedman plädiert er für die Einführung bestimmter Steuerformen, um diese Sozialeinkommen zu finanzieren. Dabei schwebt ihm unter anderem vor, eine »Mehrwertsteuer« (VAT = value-added tax) auf alle nichtwesentlichen Güter und Dienstleistungen des Ersten Sektors zu erheben, so wie es »fast alle europäischen Nationen bereits tun«. Außerdem könne man nun nach dem Untergang der Sowjetunion, nach dem Ableben des »großen Feindes«, das US-Militärbudget enorm kürzen und diese Steuergelder, die sogenannte »Friedensdividende«, zur Finanzierung der Arbeit im Dritten Sektor abzweigen. Auch die bisherigen Subventionen, die die Regierung an »ihre« TNK zahlte, müßten unterbunden und in den Dritten Sektor umgeleitet werden.

Vor allem aber scheut sich Rifkin nicht, eine »künftige Besteuerung der Top-20-Prozent der Bevölkerung, der sich nun entwickelnden neuen Klasse der Symbol-Analytiker«, vorzuschlagen. »Diese 20 Prozent«, so argumentiert er, »sind die unmittelbaren Nutznießer, die Gewinner der globalen High-Tech-Marktwirtschaft. Wir werden von ihnen verlangen müssen, einen Teil ihrer Kaufkraft auf diejenigen umzuverteilen, die durch die Marktkräfte der Dritten Industriellen Revolution aus dem Ersten Sektor hinausgeworfen wurden. So werden wir in der Lage sein, für viele Millionen Arbeitslose Soziallöhne zu zahlen. Diese werden es der Gesellschaft mit sinnvoller Arbeit im Dritten Sektor zurückzahlen. Und das wird ebenso dem Ersten wie dem Zweiten Sektor zugute kommen, indem es für den einen Kaufkraft und den anderen zu besteuernde Einkommen schafft.«[251]

Da die rasant fortschreitende Automatisierung und Wettbewerbsfähigkeits-Besessenheit die Produktivitätszuwächse und die Massenarbeitslosigkeit immer schneller in die Höhe treiben, müssen wir das traditionelle Verhältnis zwischen Arbeit im Ersten Sektor und die dafür gezahlten Einkommen als einzige Beschäftigungs- und Entlohnungsform ablösen bzw. ergänzen.

Im 21. Jahrhundert werden so oder so Roboter und Computer zunehmend die Arbeit übernehmen, die bisher von Menschen ausgeführt wurde. Wir laufen im Ersten Sektor unausweichlich auf einen Kapitalismus ohne Arbeit zu. Die von der Dritten Industriellen Revolution Freigesetzten, die Globalisierungsverlierer, müssen dann eine sinnvolle Beschäftigung und Entlohnung außerhalb der alten formalen Wirtschaft finden, wenn sie überleben wollen und wenn das zukünftige Gesamtsystem genügend Kaufkraft erzeugen soll, damit die produzierten Güter und Dienstleistungen abgesetzt werden können. Das wird ein entscheidender Wendepunkt in der Geschichte ökonomischer Beziehungen unter den Menschen sein.[252]

In einer Welt hochentwickelter Informations- und Kommunikationstechnologien kann »Umschulung« nur noch einen verschwindend kleinen Teil der entlassenen Massen auffangen, da in dem sich entwickelnden »Ersten Wissenssektor« nur eine geringfügige Anzahl von wissenschaftlichen High-Tech-Jobs benötigt wird. Die gegenwärtige Propaganda, die uns verspricht, daß Millionen von der

Automatisierung Ausgegrenzter durch Umschulung einen Job als Wissenschaftler, Ingenieur, Techniker, Manager, Unternehmsberater im Ersten Sektor finden könnten, ist bestenfalls ein schöner Wunschtraum, schlechtestenfalls eine böse Täuschung.

Den eben genannten Besteuerungsvorschlag werden viele ablehnen, ganz gewiß die 20 Prozent der neuen Klasse der Symbol-Analytiker. Dennoch wird der Dritte Sektor die einzige Möglichkeit sein, den von der Technologieerneuerung freigesetzten Massen Einkommen und Brot zu verschaffen. Und zwar auf Gebieten, die für das Überleben der menschlichen Gesellschaft von entscheidender Bedeutung sein werden – eben Umweltschutz, Recycling, Kranken- und Altenfürsorge, Stadtteilpflege und -instandsetzung, Jugendbetreuung, Heim- und Sozialarbeit, Kriminalitäts- und Drogenbekämpfung etc.

Andere Arbeitsbereiche, die umfassend genug wären, um die auf uns zukommende ungeheure Massenarbeitslosigkeit aufzufangen, gibt es nicht und wird es nicht geben. Hauchen wir diesem Dritten Sektor im 21. Jahrhundert kein echtes Leben ein, wird es zum menschenunwürdigen Tittytainment für den großen Rest keine Alternative geben – wenn wir nicht Massenarmut, Aufstände, einen Polizeistaat und schlimme Diktaturen als Alternativen ansehen wollen. Es könnte dann sehr schnell zu einem Krieg gegen die ausgegrenzten Migrationsmassen aus der Dritten Welt kommen, die auf ihrem Überlebensweg zu uns oder an unseren Grenzen mit High-Tech-Waffen aufgehalten oder vernichtet werden, denn unser Boot wird mit den eigenen Armen bereits übervoll sein.

4. Eine Kultur der Verlangsamung

Die Gesellschaft wird im Sog der Globalisierung so stark polarisiert und so starken Risiken ausgesetzt, daß keiner »sicher« ist, wie reich oder mächtig er auch sein möge. Das geben einige Ideologen der Globalisierung zwar zu, aber daraus erwächst noch keine Strategie zur Regulierung. Haben wir überhaupt eine Chance, die Weichen neu zu stellen, den Turbokapitalismus zu bremsen, ihn auf ein Maß herunterzufahren, das die Überlebensfähigkeit der Menschen nicht gefährdet? Eine Möglichkeit, eine kreative dazu, wäre, die von den Managern forcierte Beschleunigung der Technologieerneuerung einzudämmen, wenn nötig zu bekämpfen und vor allem die Verfügungsgewalt der Manager über neue Technologien und deren Anwendung zu begrenzen und zu kontrollieren.[253] Eine solche Kultur der Verlangsamung und Begrenzung läßt sich nur durch neue Formen der Mitbestimmung durchsetzen, zum Beispiel durch weisungsbefugte Ökoräte und Betriebsräte in den Vorständen der TNK.

Manager forcieren von Natur aus die Anwendung neuer Technologien, um so schnell wie möglich maximale Profite zu erzielen und unbegrenztes Wirtschaftswachstum zu sichern. Wenn ein TNK nicht mehr wettbewerbsfähig ist, verlieren sie schließlich selbst ihren Job. Also denken sie ausschließlich in utilitaristischen Kategorien, schreiben die »alten« Technologien lange vor dem Ende ihrer eigentlichen Lebensdauer ab, sortierten sie aus, verschrotten sie, beschleunigen den Raubbau an unseren Ressourcen, führen eine möglichst arbeiterlose Produktion im Ersten Sektor sowie »revolutionäre« Technologien ein, deren Folgen sie nicht abschätzen können und wollen. Auf diese Weise wird unsere Umwelt verseucht, das ökologische Gleichgewicht der Erde zerstört und vorzeitig eine ungeheure Massenarbeitslosigkeit geschaffen.[254]

Das dürfen wir nicht zulassen. Eine weit bessere Alternative wäre: die Kreation einer nachhaltigen Wirtschaft mit einem selektiven Wachstum, umfassende Arbeitszeitverkürzung im Ersten Sektor (und zwar Wochen- wie Lebensarbeitszeitverkürzung) und der rasche Aufbau des oben beschriebenen Dritten Sektors, der nicht nur die Massenarbeitslosigkeit auffangen, sondern vieles, was der Erste Sektor zuvor zerstört hat, retten soll.

Bei Zukunftsindustrien und der Technologieerneuerung generell benötigen wir einen umfassenden Versicherungsschutz, um zu verhindern, daß bisher unabsehbare Umweltzerstörungen auf uns zukommen. Dieser Versicherungsschutz muß auf der »Haftbarmachung der Verursacher« basieren, sei es in der Gentechnologie, der Atomreaktortechnologie, der Chemie- und Pharmaindustrie etc. Zudem brauchen wir neue Institutionen für die Kontrolle der Technikumsetzung und -nutzung, die bisher allein von der Wirtschaftselite beherrscht wurde. Diese Aufgaben könnten mit Gesetzeskraft ausgestattete, weisungsbefugte Ökoräte übernehmen. Ihr Interesse wird es sein, unseren Nachkommen eine zukunfts- und überlebensfähige Wirtschaft zu übergeben.

Es ist das Verdienst des deutschen Soziologen Ulrich Beck, als einer der ersten auf den fehlenden Versicherungsschutz bei sogenannten Zukunftsindustrien hingewiesen zu haben. Der fehlende private Versicherungsschutz ist für ihn geradezu eine »Warnblinkanlage für Unkontrollierbarkeit«. Willige Wissenschaftler bescheinigten zwar der Atomwirtschaft, der Chemie-, Pharma- und der Gentechnologie regelrecht ein »Nullrisiko«, doch die Versicherungsexperten ließen sich die dann ja sicheren Riesenprofite wohl aus eindeutigen Gründen entgehen. Beck schlußfolgert, wenn wir die Zukunftsindustrien mit dem Kraftfahrtversicherungsschutz gleichsetzten, würden diese Industriezweige und Forschungsinstitutionen zwangsläufig gebremst: Privater Versicherungsschutz und Haftung für alle Folgen der »revolutionären Technologieerneuerungen«, für alle medizinischen Experimente, für die Folgen der Atom- und Gentechnologie ergäben eine »gläserne« Produktion, bei der Selbstkontrolle, Verlangsamung und Selbstbegrenzung verwirklicht werden könnten.[255] Die von mir vorgeschlagenen weisungsbefugten Ökoräte könnten die Branchen und Einrichtungen, die den Versicherungsschutz und die Haftbarmachung umgehen wollen oder Gesetzeslücken finden, zur Räson bringen.

Für Ulrich Beck lautet die Kernfrage dieses Problems: »Wie läßt sich das Ja zur Freiheit von Technik und Wissenschaft mit einem demokratisch kontrollierten Nein ihrer Anwendung vereinbaren?« So, wie die Kirche die Wissenschaften jahrhundertelang ihren Dogmen unterworfen habe, werde heute Technik und Technologieerneuerung allein von den Wirtschaftseliten dominiert und kontrolliert. Erhebe man die »funktionale Autonomie gegenüber anderen Handlungsfeldern der Gesellschaft zum Maßstab der Moderne«, sei die gesellschaftliche Organisation der Technik »geradezu antiquiert«. Die industriefeudale Organisation der Technik und ihre Nutzung könnte Beck zufolge in zwei Schritten aufgehoben werden:

»Erstens eine Freisetzung der Technik von den Prinzipien und Zusammenhängen ihrer ökonomischen Verwertbarkeit. Technik als l'art pour l'art! Gefordert wäre: ein Kubismus der Ingenieure! Ein technik-wissenschaftlicher Kandinsky und Klee! Die Technikwissenschaften müßten ihre konstruktive Phantasie, ihre Logik, ihre Zweifel, Reflexivität und Professionalität entfalten. Mehr technische Optionen eröffnen mehr politische Entscheidungsspielräume – die Technik schafft ihre Sachzwänge ab!«[256]

»Dies setzt voraus, daß – zweitens – der direkte Zugriff der Wirtschaft gebrochen wird; und dies wiederum ermöglicht neue Entscheidungsstrukturen der Verwendung, neue Filter- und Kontrollinstitutionen der Techniknutzung: Recht, Ethik, demokratische Mitbestimmung, Gewaltenteilung, Lernschleifen, Revidierbarkeit, auch: Nein, so wollen wir nicht leben! ... Grundlage dafür wären Verfahrensregeln, die erfunden, erstritten werden müßten. So könnte – vielleicht – das Legitimationsvakuum der Technikentwicklung im Milieu wachsender demokratischer Ansprüche abgebaut werden.«[257]

Aber wer soll revidieren, wer soll mitbestimmen, wer soll Gewalten teilen, wer soll Recht und Ethik durchsetzen? Welche Kontrollinstitutionen meint Beck? Wo kommen sie her? Wer legitimiert sie? Wie lassen sie sich rekrutieren? Wie will man konkret Technologieerneuerung von Herrschaft und Kontrolle der Wirtschaft befreien? Hat der Wissenschaftler Angst zu sagen, man braucht, um all dies durchzusetzen, neue weisungsbefugte Institutionen, deren staatliche Verordnungen Gesetzeskraft haben müssen? Erscheinen ihm solche Institutionen zu bürokratisch oder gar polizeistaatlich? Wir werden nicht um sie herumkommen!

Beck erklärt, »dieses Modell einer Kunst der Technik« als auch »die rechtliche, politische, ethische Kontrolle ihrer Anwendung und Umsetzung« stehe »wirklich quer zu allen realen Entwicklungen, etwa dem Kurzschluß zwischen Universität und Wirtschaft, der von Modernisierungsparteien mit Energie forciert wird. Gleichzeitig spricht diese Utopie allerdings nur das aus, was immer schon versprochen wird, nämlich die Modernität der Technologieentwicklung.«[258] Eine nicht allein von den Managern bestimmte und kontrollierte Technologieerneuerung wird von ihm also als utopisch eingestuft. Doch in schon erkennbarer Zukunft wird es fünf nach zwölf sein. Wir müssen jetzt anfangen, konkret zu handeln! Die Erfolgsaussichten für den sozialen und ökologischen Umbau werden sich vor allem deshalb nicht verbessern, weil die Manager Wirtschaft und Gesellschaft immer stärker dominieren und auch künftig ihre ungeheure Macht nicht freiwillig zurückstufen werden.

Becks Einschätzung, »wir leben in keiner Weise in einer

modernen Gesellschaft« und »Antworten auf die ökologische Frage können auch in der Suche nach mehr Moderne, mehr Freihheit, mehr Demokratie gefunden werden«,[259] kann man nur zustimmen. Wir müssen vor allem die Technologieerneuerung und ihre Organisation für menschlichere Zwecke verfügbar machen, statt sie den Gewinnmaximierern zu überlassen.

Heute werden die meisten technischen und wissenschaftlichen Innovationen in den Forschungsabteilungen der großen Industrieunternehmen entwickelt und nicht in den Forschungslaboratorien der Hochschulen, trotz des Schulterschlusses zwischen Universitäten und Wirtschaft. Die Geldmittel, die TNK für eigene Forschung und Technologieerneuerung ausgeben, sind um ein Hundertfaches höher als die Haushaltsgelder, die Staat und Wirtschaft Universitäten zur Verfügung stellen. Um so schwerer wird es sein, die Verflechtung von Wirtschaft und Technik aufzubrechen. Doch dürfen vor allem die Technologieerneuerung in Zukunftsindustrien wie der petrochemischen und pharmazeutischen Branche sowie in der Atomkraftindustrie, aber auch die wirtschaftliche Anwendung der Genforschung nicht allein von der Wettbewerbsideologie und dem Streben der Manager nach ständigen Maximalprofiten bestimmt werden. Wir müssen wegen der unabsehbaren Folgen die Entwicklung dieser Technologien verlangsamen, ihre Risiken viel genauer und länger überprüfen. Wir müssen endlich lernen, uns Zeit zu lassen.

Eine »Kultur der Verlangsamung« – gekoppelt mit umfassender Arbeitszeitverkürzung – muß ebenso bei der Nutzung neuer Technologien in anderen Wachstumsbranchen – in der Computer- und Roboterindustrie, elektronischen Datenverarbeitung, Plastikindustrie, Telekommunikation, im Banken- und Versicherungswesen, in der Mikroelektronik, im gesamten Personen- und Gütertransport usw. durchgesetzt werden. Nur so können wir rechtzeitig die unvermeidlich auf uns zukommende Massenarbeitslosigkeit in der gesamten High-Tech-Marktwirtschaft durch einen installierten Dritten Sektor auffangen.

Weisungsbefugte Ökoräte und gewählte neuermächtigte Betriebsräte, legitimiert durch Kompetenz, Erfahrung, Phantasie, hätten die Aufgabe, die Vereinbarkeit von Ökologie, Ökonomie und Demokratie zu prüfen und durchzusetzen. Diese Institutionen könnten helfen, die beschleunigte Technologieerneuerung des Turbokapitalismus zu domestizieren: sie zu bremsen, zu demokratisieren, zivilisieren und ökologisieren.

Das wäre in der Tat ein Sprung nach vorn zum sozialen, technologischen und ökologischen Umbau der postindustriellen Gesellschaft; es wäre der Aufbruch in die Moderne, zu mehr Freiheit, mehr Demokratie, aber auch zur Rettung des Sozialstaats. Noch fehlen die Institutionen, um dieses Werk anzupacken und endlich Grundbedingungen für künftige Generationen zu realisieren. Aber wir, die wir heute leben, wir können durchsetzen, daß sowohl die in den TNK durch Betriebsversammlungen gewählten Betriebsräte als auch durch Volksentscheide gewählte Ökoräte Mitbestimmungsrechte in den Vorständen der Unternehmen ausüben – wenn wir es wollen. Wir sind die Mehrheit. Wir sind das Volk.

5. Die neuen Ökoräte

Die neuen Ökoräte müssen per Gesetzeskraft bei der Zuteilung knapper Rohstoffe, bei der Nutzung umweltschädlicher fossiler Energieressourcen, bei Entwicklung und Anwendung petrochemischer, pharmazeutischer und gentechnologischer Produkte, bei der Vermüllung, bei der Technologieerneuerung in Zukunftsindustrien, beim Haftbarmachen von Umweltzerstörern und beim Versicherungsschutz für die Gesellschaft, bei Recycling, der Einführung von Solar- und Wasserstoffenergie – kurz bei allen für die Zukunft unserer Gesellschaft, unseres Planeten relevanten Fragen – »weisungs- und kontrollbefugt sein«. So könnten sie mithelfen, den Turbokapitalismus »in eine selektive, nachhaltige Wachstumswirtschaft umzuwandeln«, die das Überleben unserer Zivilisation nicht gefährdet.[260]

Die TNK sollten ebenfalls in diesen Entscheidungs- und Kontrollprozeß integriert werden und Mitverantwortung tragen. Sie aus den Ökoräten auszugrenzen wäre ein schwerer Fehler, der unweigerlich Konflikte zwischen ihnen und der neuen Organisation heraufbeschwören würde. Das wesentliche neue Element in diesen branchenspezifischen Ökoräten werden jedoch die *außer*betrieblichen Mitglieder sein – zum Beispiel Umwelt- und Zukunftsforscher, Naturwissenschaftler sowie namhafte Männer und Frauen aus dem öffentlichen Leben und der Kultur, die einem ganzheitlichen Denken und nicht der Globalisierungsideologie folgen. Ökoräte sollten durch Volksentscheide gewählt werden und dürften nur Herrschaft auf Zeit ausüben, da sonst – wie bei anderen Institutionen des öffentlichen Lebens – die Gefahr der Verbürokratisierung besteht. Ihre zukünftige Tätigkeit wird wichtiger sein als die der Parlamente, Parteien und Politiker.

Ich kann mir vorstellen, daß bestimmte größere Industriezweige in bezug auf Wachstums- und Ressourcenproblematik, Recycling, Umweltzerstörung und Technologieerneuerung von überbetrieblichen Ökoräten kontrolliert werden. Je nach Größe und Umsatz der einzelnen Unternehmen könnten deren Betriebsversammlungen dann Vertreter in diese Ökoräte delegieren.

Diese neue überbetriebliche Mitbestimmung darf nicht verwässert werden. In den 50er, 60er und 70er Jahren konnten die Arbeitnehmer in der Bundesrepublik zumindest eine »qualifizierte Mitbestimmung« in den Aufsichtsräten der Großunternehmen und Kapitalgesellschaften erreichen, aber auch das Betriebsverfassungsgesetz von 1976 sicherte ihnen keine Stimmen in den allein entscheidungs- und weisungsbefugten Vorständen zu. Heute benötigen wir in unserem Wirtschaftsleben die *überbetriebliche* Mitbestimmung durch die Ökoräte. Sie müssen das gesetzlich verankerte Recht haben, direkt in Entscheidungen der Konzernvorstände einzugreifen, und diese müssen die Weisungsbefugnis der Ökoräte anerkennen.

Da die Manager zum überwiegenden Teil keinerlei ökologische Vernunft zeigen und ausschließlich kurzfristig und profitorientiert denken, müssen die TNK eben von außen reformiert werden, wie folgende Beispiele beweisen:

– In Deutschland versuchten Manager der Chemie- und Elektroindustrie (Hoechst, AEG) bis 1993 der Öffentlichkeit einzureden, daß es unmöglich wäre, funktionierende FCKW-freie Kühlschränke herzustellen. Die sächsische Firma Foron hatte damals bereits mit finanzieller Unterstützung von Greenpeace ein solches Gerät – den sogenannten »Greenfreeze« – auf den Markt gebracht. FCKW gilt, inzwischen hat es der letzte begriffen, als gefährlichster Ozonkiller.[261]

– Topmanager der beiden größten US-Autokonzerne Ford und General Motors im Verbund mit den Ölkonzernen verhindern noch immer erfolgreich die Entwicklung und Anwendung alternativer, sauberer, CO_2-freier, also benzinloser Technologien der Energiezufuhr für Automotoren, da sie so lange wie möglich den alten Benzinverbrennungsmotor erhalten wollen – aus Profitgründen, obwohl sie wissen, daß dieser maßgeblich zur Klimakatastrophe, zum sogenannten Treibhauseffekt beiträgt. (Das gilt natürlich für europäische und japanische Auto-Manager nicht minder.)

Der CEO von General Motors, Jack Smith, hat sich tatsächlich nicht entblödet, im Februar 1994 folgende Pressemitteilung abzusondern: »Maßnahmen, wie die kalifornischen Luftsauberkeitsregeln, welche die Entwicklung und Nutzung eines Autos mit Wasserstoff- bzw. Elektroantrieb noch in diesem Jahrzehnt anzuwenden vorsehen, sind doch verrückt (are kind of nutty).«[262] Übrigens: Diese kalifornischen »Luftsauberkeitsregeln« und die Forderung nach Einführung benzinloser Motoren wurden per Volksentscheid bestimmt. Prototypen eines wasserstoffgetriebenen Autos existieren seit 1987. Im Jahre 1993 berechnete das kalifornische Electric Power Research Institute, daß Autos mit CO_2-freier, benzinloser Energiezufuhr bereits im Jahre 2000 in Serienproduktion hergestellt werden könnten, wenn die Autokonzerne es nur wollten.[263]

– Der japanische Global-Konzern Mitsubishi, größter Vernichter der Regenwälder in Südostasien, behauptete, seine Rodungspraktiken dort dienten einer »nachhaltigen Forstwirtschaft«[264].

– Solvay, ein führendes europäisches Plastikunternehmen, wies sich unlängst selbst als Umweltschützer aus und erklärte, es würde »chlorinierte Abfälle recyceln«, obwohl es sie in Wahrheit in umweltschädigenden Müllverbrennungsanlagen verfeuerte. Letzteres ist, versteht sich, bedeutend billiger.[265]

Ökologie stößt weltweit sofort an Grenzen, wo sie Kosten erhöht, wirtschaftliches Wachstum bremst, Wettbewerbsfähigkeit einschränkt. Die meisten Konzerne in Westeuropa, den USA, Japan und Südostasien erteilen ökologisch motivierten Steuern und Reglementierungen klare Absagen. Eine »Öko-Steuer«[266], von deutschen Wissenschaftlern wie Ernst Ulrich von Weizsäcker vorgeschlagen, wird als zusätzliche Belastung des Standorts Deutschland angeprangert.

In Washington D.C. publizierte das angesehene Worldwatch Institute 1991 eine von der UNO finanzierte Forschungsstudie mit dem Titel »Jenseits des Öl- und Petroleumzeitalters«. In ihr wurden die möglichen Erfolgsaussichten alternativer, sanfter Energiequellen untersucht. Das

Ergebnis: Schon im nächsten Jahrzehnt – also nach der Jahrtausendwende – könnten Sonnen-, Wind- und Wasserkraft sowie Erdwärme (geothermale Wärme) mit den herkömmlichen Energielieferanten Kohle, Öl, Erdgas und Atomkraft wirtschaftlich konkurrieren. In ungefähr 15 bis 20 Jahren wäre insbesondere Sonnenenergie – gespeichert und transportiert durch Solarkraftwerke, Solarzellen, Solarbatterien, Solargeneratoren – völlig konkurrenzlos und wegen ihrer Ubiquität und Endlosigkeit beinahe kostenlos.[267]

Doch die großen Öl- und Energiekonzerne wie Exxon, Shell, BP, Pacific Gas and Electricity, Kraftwerk-Union etc. haben sich eine besonders perfide Methode einfallen lassen, um ihr im wahrsten Sinne des Wortes schmutziges, doch einträgliches Geschäft mit Öl, Kohle, Atomkraft und Erdgas weiterbetreiben zu können: Sie kaufen die Patente für diese alternativen Energieformen auf und lassen sie in den Schubladen schmoren. Sie haben (noch?) kein Interesse daran, die Anwendung der alternativen Energieformen im großen Maßstab zu fördern. Zu hoch und zu bequem zu erwirtschaften sind noch immer ihre Riesenprofite aus der Anwendung fossiler wie atomarer Energiequellen. Zu angenehm noch immer die schützende Hand des Staates über ihrem Treiben. Dennoch sind unter anderem in den USA, Japan, Skandinavien Forschungs- und Entwicklungsprogramme zur Solarenergiegewinnung angelaufen – und zwar als gemeinsame Aktionen von Wirtschaft und Politik, weil man wohl nicht umhinkonnte zu begreifen, daß die fossilen Energiequellen nur noch eine kurze Lebensdauer besitzen. Deutschland hinkt übrigens bei dieser Entwicklung weit hinterher.[268]

Schon Ende 1986 hatten die Karlsruher Physiker Werner Vogel und Henry Kalb eine Studie vorgelegt, wonach Sonnenstrom zum Beispiel aus den Trockensteppen Südspaniens über Solarkraftwerke und Fernleitungen in die Bundesrepublik geschleust werden kann. Die Berechnungen der beiden

Physiker beruhten auch auf nordamerikanischen Forschungen des gleichen Jahres. Ihre Glaubwürdigkeit wurde vom damaligen Vorsitzenden der Europäischen Physikalischen Gesellschaft, Werner Buckel, bestätigt: Danach könnten um 2001 Solarkraftwerke genügend Strom in die Bundesrepublik liefern, allerdings nur, wenn Wirtschaft und Staat die nötigen Finanzmittel für das Projekt zur Verfügung stellen würden. Kohlekraftwerke und Heizölverbrauch, wesentliche Mitverursacher des Treibhauseffekts, könnten bis dahin stufenweise abgebaut werden.[269]

Aber der bundesdeutsche Staat verweigerte die nötigen Investitionen; maßgebend dafür war vor allem eine Studie des deutschen Energiekonzerns Kraftwerk-Union, welche die Technologie Solarenergie und ihre Nutzung als zu unreif und zu kostspielig abwies. Die Kraftwerk-Union war und ist, welch ein Zufall, der größte deutsche Atomkraftwerkshersteller.[270] Dergleichen Beispiele ließen sich ad infinitum weiterführen.

Viele TNK, so der Worldwatch-Institute-Report »Fortschritte zu einer Nachhaltigen Gesellschaft« (1993), formen »Dachverbände«, die sie durch »Verschleierungen« grünwaschen sollen. Der U.S. Council for Energy Awareness (US-Rat für bewußten Umgang mit Energie – wie das klingt!) vertritt beispielsweise die Interessen der Atomreaktorindustrie. Der Dachverband Global Climate Coalition (Globale Klimakoalition) repräsentiert die Interessen der US-Kohle- und Ölindustrie, die den Klimavertrag von Rio de Janeiro und Kyoto erbittert bekämpft und Maßnahmen zur Reduzierung fossiler Energiequellen ablehnt.[271]

Aufgrund solcher Konstellationen werden Ökoräte bzw. ihre Öko-Auditoren »Überprüfungen« (Ecological Audits) in den TNK der globalen Wirtschaft vornehmen lassen und als »Außenprüfer« (Outside Auditors) in ihren Vorständen sitzen müssen, um eine umweltverträgliche, nachhaltige Produktion zu gewährleisten. Auf nationaler oder regionaler

Ebene könnten dann jährlich »gesamtwirtschaftliche Umweltverträglichkeitsüberprüfungen« durchgeführt werden.[272]

Das Öko-Audit wurde zuerst auf freiwilliger Basis in den USA angewandt. Dieses Verfahren erfordert im allgemeinen, die umweltschädigenden Auswirkungen eines Unternehmens gänzlich zu erfassen und sie zu veröffentlichen. Anfang 1995 hatte auch die Europäische Union eine »Öko-Audit-Richtlinie« herausgegeben, die es europäischen Unternehmen ebenfalls auf freiwilliger Basis nahelegt, ein Öko-Audit durchzuführen und das Ergebnis von einem »geprüften Öko-Auditor« bescheinigen zu lassen.

Doch als das entsprechende deutsche Gesetz am 14. April 1995 Gültigkeit erlangte, gab es hierzulande noch keinen einzigen staatlich geprüften Öko-Auditor, der ein solches Öko-Zeugnis hätte ausstellen können. Für ein Öko-Audit müssen Firmen nach den Untersuchungen von Ernst Ulrich von Weizsäcker, zum Beispiel beim TÜV Rheinland, 20000 bis 60000 DM bezahlen.[273]

Heute, 1997, gibt es bereits genügend Ökologen und Umwelt-Ökonomen mit Universitätsabschluß, die diese Audits durchführen könnten. Wir müssen sie nur endlich mit Gesetzeskraft ausstatten.

Wichtig ist, daß die von außen delegierten Vertreter der Ökoräte bzw. Öko-Auditoren in den höchsten Entscheidungsgremien der TNK, in den Vorständen und Aufsichtsräten, angesiedelt sind und dort eine überproportionale Weisungsbefugnis besitzen, das heißt andere Vertreter dieser Gremien ihre Entscheidungen weder überstimmen noch ablehnen können, wenn es um Nachhaltigkeit und Umweltverträglichkeit geht.

Ohne diese überproportionale Weisungsbefugnis überbetrieblicher, branchenspezifischer Ökoräte und ihrer Auditoren werden wir im 21. Jahrhundert den Turbokapitalismus nicht bremsen können, um nachfolgenden Generationen ein nachhaltiges, ökologisch überlebensfähiges Wirtschaftssystem zu hinterlassen. Die Ökoräte müssen die Grenzen des Wachstums und der Wettbewerbsfähigkeit mitbestimmen helfen. Sie müssen mitentscheiden, was wachsen soll, was nicht mehr wachsen soll, was schrumpfen muß, was konvertiert und recycelt werden soll. Vorstände und Aufsichtsräte der TNK müssen mit Gesetzeskraft angehalten und notfalls gezwungen werden, die Weisungen der Ökoräte tatsächlich umzusetzen.

6. Die neuen Betriebsräte

Die Betriebsräte sollen den Turbokapitalismus innerhalb der Unternehmen bremsen, um technologische Massenarbeitslosigkeit rechtzeitig durch Maßnahmen wie Arbeitszeitverkürzung statt Entlassungen einzudämmen, um Sozialabbau für die Beschäftigten in den Großunternehmen zu verhindern, um den Arbeitsprozeß in den TNK zu vermenschlichen, um eine angemessene Verteilung der Produktivitätszuwächse und Rationalisierungsgewinne zu gewährleisten.

Dazu müssen wir diese Gremien neu ermächtigen, zum Beispiel durch ein modernes Betriebsverfassungsgesetz, das eine weisungsbefugte Mitbestimmung aller Unternehmensbeschäftigten beinhaltet und notfalls durch Volksentscheid durchgesetzt werden muß. Wir können das tun, denn wir sind die Mehrheit der Wähler und der Arbeitenden. Aber was heißt notfalls durch Volksentscheid? Wir werden den Volksentscheid mit Sicherheit benötigen – die herrschenden Gruppen der Manager und Politiker, die Parteien, Parlamente und Arbeitgeberverbände, aber auch die immer schwächer werdenden Gewerkschaften werden von sich aus nichts unternehmen bzw. unternehmen können, um der absoluten Mehrheit der arbeitenden Bevölkerung eine vernünftige Mitbestimmung ihrer Betriebsräte im Wirtschaftsleben zu »bewilligen«.

Im Gegenteil: Die Elite wird alle ihre Machtmittel – und das sind nicht wenige – aufbieten, um das zu verhindern. Deshalb könnte es schließlich sogar notwendig werden, daß sich die Mehrheit des Volkes das Recht auf einen solchen Volksentscheid durch Generalstreik erfechten muß, um ein modernes Betriebsverfassungsgesetz, eine angemessene Mitbestimmung der Arbeitnehmer durch Betriebsräte in Vorständen und Aufsichtsräten der Großunternehmen, also die lange überfällige Demokratisierung der Wirtschaft durchzusetzen.

Der Verlauf der Mitbestimmungsdebatte in Deutschland begann mit dem sogenannten Montan-Mitbestimmungsgesetz vom Mai 1951. Erreicht wurde dabei für die Arbeitnehmer im Bergbau und in der Eisen und Stahl erzeugenden Industrie eine »paritätische Mitbestimmung« in den Aufsichtsräten (den Kontrollorganen). In den Vorständen dieser Industriebranchen (den eigentlichen Entscheidungsorganen) durften Arbeitnehmer nur mit einem einzigen Vertreter, dem sogenannten Arbeitsdirektor, teilnehmen. Er hatte die Aufgabe, die innerbetrieblichen sozialen Belange der Arbeitnehmer – wie Kindergeld, Urlaub, Urlaubsgeld, Weihnachtsgeld, Krankengeld, Überstunden, Versorgung in den Betriebskantinen – zu vertreten.[274]

Der Arbeitsdirektor wurde mithin an den eigentlichen Unternehmensentscheidungen wie Produktpalette, Wachstum, Technologieerneuerung etc. nicht beteiligt. Diese Regelung galt, wie gesagt, nur für die Montanindustrie und wurde von den Gewerkschaften auch nur errungen, weil sie mit Streik drohten. Im November 1950 entschied sich die überwältigende Mehrheit der Bergbau-, Eisen- und Stahlarbeiter in Urabstimmungen der IG Metall und der IG Bergbau für einen Streik, um die Mitbestimmung im Sinne der gewerkschaftlichen Forderungen zu erreichen. Der Ruhrpott, das damalige industrielle Herzstück der Bundesrepublik, drohte lahmzuliegen. Erst auf diesen ungeheuren Druck hin gaben die Manager nach.[275]

Im Oktober 1952 trat dann das Betriebsverfassungsgesetz für Großunternehmen außerhalb des Montanbereichs in Kraft. Die Gewerkschaften hatten erneut für paritätische Mitbestimmung in den Aufsichtsräten und für einen Arbeitsdirektor im Vorstand gekämpft, konnten sich aber gegen die Managerverbände und das Parlament nicht durchsetzen, vor allem weil die Masse der Beschäftigten diesmal zu einem Streik nicht zu bewegen war. Das Betriebsverfassungsgesetz von 1952 legte »für alle Großunternehmen der deutschen Wirtschaft außerhalb des Montanbereichs, die in der Rechtsform einer Kapitalgesellschaft (AG, GmbH) geführt werden, die Ein-Drittel-Besetzung der Kontrollorgane (Aufsichtsräte) fest, die in allgemeiner und gleicher Wahl von allen Belegschaftsmitgliedern zu wählen sind«[276]. Die Verankerung eines Arbeitsdirektors im Vorstand war nicht vorgesehen!

Als Großunternehmen galt für die Gewerkschaften im allgemeinen ein Unternehmen mit 2000 Beschäftigten, bestimmten Umsätzen, Anlagewerten etc. – in der Montanindustrie mußte die Firma mehr als 1000 Mitarbeiter haben.

Im überarbeiteten Betriebsverfassungsgesetz von Januar 1972 wurde die »Mitbestimmung für Arbeitnehmer außerhalb des Montanbereichs« noch einmal auf eine »qualifizierte Ein-Drittel-Beteiligung« in den Aufsichtsräten der Kapitalgesellschaften heruntergefahren. Die Aufnahme eines Arbeitsdirektors in die Vorstände lehnte man weiterhin ab. Die schwammige Zusatzerklärung des Gesetzgebers, man wolle in Zukunft die Mitbestimmung auch gesamtwirtschaftlich angehen,[277] änderte nichts an der faktischen Ausgrenzung der Arbeitnehmer aus der Organisation des Wirtschaftslebens. Dabei blieb es bis 1976. Ein wahrhaft trübes Bild von Wirtschaftsdemokratisierung.

Erst 1976 gelang es dem Deutschen Gewerkschaftsbund (DGB), ein verbessertes Betriebsverfassungsgesetz durchzusetzen, das für Großunternehmen *außerhalb* der Montanindustrie und bestimmter Rechtsformen (AG, GmbH) gilt. Auch dieses neue Mitbestimmungsmodell sichert Arbeitnehmern keine paritätische Mitbestimmung in den Aufsichtsräten: Die Arbeitgeberseite ist im Verhältnis 7:5 überproportional im Aufsichtsrat vertreten, da gegenüber den sechs Vertretern der Anteilseigner einer der sechs Arbeitnehmervertreter immer ein leitender Manager sein muß. Bei diesem Modell *kann* ein Arbeitsdirektor mit einer Zweidrittelmehrheit des Aufsichtsrats in den Vorstand gewählt werden.[278]

Eine Zweidrittelmehrheit im Aufsichtsrat – acht Stimmen – werden die Arbeitnehmervertreter bei diesem Modell wohl schwerlich erreichen können. Die Arbeitgebervertreter hatten sich mit ihrer »Kompromißlösung« durchgesetzt, mit der Folge, daß eine »Wirtschaftsdemokratie« erneut in weite Ferne gerückt war. Die Manager hatten die Mitbestimmung gründlich verwässert, denn von den eigentlichen Entscheidungsorganen der Großunternehmen – den Vorständen – wurden die abhängig Beschäftigten rigoros ausgeschlossen.

In der gleichen Zeit stellte man auch in Großbritannien Überlegungen zu einer Wirtschaftsdemokratisierung an. Dort existierte ja wie auch in den USA ein gänzlich anderes Aktiengesellschaftsrecht als in der Bundesrepublik. Bei den Anglo-Amerikanern kennt man keine Aufsichtsräte als Kontrollorgane der Anteilseigner. Es gibt nur den Unternehmensvorstand (Board of Directors) in den USA, in Großbritannien zumeist Unitary Board genannt, weil dort nicht nur Manager wie in den USA und in Deutschland vertreten sind, sondern auch Kapitaleigner – so zumindest die Theorie, denn praktisch treten diese kaum auf.

Während es in den USA überhaupt keine gesetzliche Mitbestimmung für Arbeitnehmer gibt, konnten die Briten vor der Machtübernahme von Margaret Thatcher in verschiedenen Wirtschaftszweigen eine »Minderheits-Mitbestimmung« ausüben, die den vielen einzelnen Gewerkschaften bis zum Ende der 70er Jahre bestimmte minimale Rechte etwa bei der Festlegung von Urlaubs- und Weihnachtsgeld einräumte.[279]

In diesem Punkt wollten progressive Politiker der regierenden Labour Party nachbessern. Im Jahre 1975 begann das vom britischen Wirtschaftsministerium beauftragte Committee of Inquiry on Industrial Democracy (Komitee zur Untersuchung einer Industriedemokratie) unter Leitung von Lord Bullock eine Studie über eine mögliche zukünftige Wirtschaftsdemokratisierung in Großbritannien auszuarbeiten. 1977 wurde sie veröffentlicht. Die Verfasser schlugen eine »direkte Ein-Drittel-Mitbestimmung der Arbeitnehmer durch gewählte Betriebsräte in den Unitary Boards aller Großunternehmen (Kriterium unter anderem mindestens 2 000 Mitarbeiter) der britischen Wirtschaft« vor.[280]

Nach der Regierungsübernahme der Torys wurde dieser progressive Plan zu niemandes Überraschung sofort unter den Teppich gekehrt. Aber auch viele Anhänger des Verstaatlichungsmodells innerhalb der Labour-Partei und der Gewerkschaften lehnten diese Form von direkter Wirtschaftsdemokratie damals ab.

Bei der Ausarbeitung der Studie hatten einige Mitarbeiter des Komitees (zumeist Manager) auf das westdeutsche Zwei-Stufen-System (Two-Tier-System) der Unternehmensleitung – also Aufsichtsrat und Vorstand – verwiesen. Sie hatten vorgeschlagen, ein solches »Zwei-Board-System« mit einer qualifizierten Ein-Drittel-Mitbestimmung der Arbeitnehmer im Aufsichtsrat (Controlling-Board) auch in Großbritannien einzuführen. Manager für Mitbestimmung? Die öffentlichen Auseinandersetzungen – die in der Studie festgehalten sind – lassen auf ihre wahren Absichten schließen: Sie wollten wohl ein solches System aufbauen, um Arbeitnehmer-Mitbestimmung in den eigentlichen Entscheidungsorganen von Kapitalgesellschaften, den Vorständen, zu verhindern. Sie wollten die Mitbestimmung – so die Mehrheit der Komiteemitglieder – wie in der Bundesrepublik in einem Aufsichtsrat, der nur viermal im Jahre konferiert und nicht eine der wesentlichen Unternehmensentscheidungen trifft, sanft einschlafen lassen.[281]

Wie gesagt, die Mehrzahl der Komiteemitglieder (»hervorragende Frauen und Männer aus dem öffentlichen Leben«) einschließlich Lord Bullock ließen sich auf diesen Vorschlag nicht ein. Sie lehnten das westdeutsche Modell als das »rigid German Two-Tier-System« ab und trafen den Kern, als sie erklärten, es würde »Arbeitnehmer permanent von wirklichen Entscheidungen in den Unternehmensvorständen fernhalten«. Statt dessen plädierten sie für eine direkte Ein-Drittel-Arbeitnehmer-Mitbestimmung in einem One-Board-System, dem Vorstand also. Die Belegschaften sollten ihre Vertreter in den Vorständen selbst bestimmen, und der Vorstandsvorsitzende (Chief Executive Officer, CEO) sollte auf einer Betriebs- bzw. Unternehmensversammlung aller Mitarbeiter gewählt werden.[282]

Das bedeutete also: Im Vorstand (Unitary Board) wären ein Drittel Anteilseigner, ein Drittel Manager und ein Drittel Arbeitnehmer vertreten. Zugleich verlangten Bullock und seine Leute, in Zukunft an alle Mitarbeiter von Kapitalgesellschaften Belegschaftsaktien oder Anteilszertifikate auszugeben, um das Prinzip von Miteigentum und Mitverantwortung in die Tat umzusetzen.[283]

Dieses britische Mitbestimmungsmodell aus den 70er Jahren kommt einer »Mitbestimmenden Demokratie« (Participatory Democracy) in der Wirtschaft am nächsten.[284] Es würde die Arbeitnehmervertreter, die Betriebsräte, zur Beteiligung an wirklichen Entscheidungen in den Vorständen ermächtigen. Die Belegschaften könnten durch eine gesetzlich abgesicherte direkte Ein-Drittel-Mitbestimmung in den Vorständen der Konzerne ihre eigentlichen Interessen durchsetzen: insbesondere Arbeitszeitverkürzung statt Entlassungen, Stopp des Sozialabbaus, gerechte Verteilung der Rationalisierungsgewinne bzw. der Produktivitätszuwächse, Begrenzen der Wachstums- und Wettbewerbsfähigkeitsobsession, also Bremsen des Turbokapitalismus. Parallel dazu müßte allerdings weiterhin ein Dritter Sektor installiert werden.[285]

Eine weitere wichtige Forderung, die die neuen Betriebsräte während der sich unter unseren Augen entwickelnden Globalisierung zu stellen haben, ist die Beteiligung der abhängig Beschäftigten am Produktivvermögen der Unternehmen durch Aktien oder Anteilsscheine. Mit anderen Worten: Da die Kapitaleinkünfte bei zunehmender Automatisierung steigen und die Lohneinkünfte abnehmen, sollen Arbeitnehmer Miteigentümer, Aktionäre der Unternehmen werden, für die sie arbeiten und an deren Wertschöpfung sie beteiligt sind. Eine solche Form von Miteigentümergesellschaft wäre die sozialreformerische Antwort auf die diktatorische Herrschaft der Manager. Aktien-Sperrminoritäten der Belegschaften können zudem feindliche Übernahmen, das Ausschlachten von Unternehmen, Auslagerung und Technologieerneuerung zum Zwecke der Arbeitsplatzvernichtung verhindern.

In einer solchen »Aktionarsgesellschaft« mit Außen- und Innen-Aktionären (Belegschaften) würden sich die Einkommen wieder mehr angleichen und der Widerspruch von Kapital und Arbeit entkrampfen. Dieser »soziale Kapitalismus« wäre ein positives Szenario; die negative Variante, auf die wir im Moment zugehen, ist die stark polarisierte Gesellschaft mit bürgerkriegsähnlichen Auseinandersetzungen zwischen den wenigen Gewinnern und den vielen Verlierern der Globalisierung.

Zur Abqualifizierung solch »umstürzlerischer« Ideen wird von Vertretern der Wirtschaftseliten häufig behauptet, Arbeitnehmer wären nicht in der Lage, Verantwortung und Risiko zu tragen, wenn man sie am Produktivvermögen beteiligte. Diese Position spiegelt sich auch in der undemokratischen, oligarchischen Lebensphilosophie der Topmanager wider. Einige Beispiele ausgerechnet aus dem Kernland des Kapitalismus, den Vereinigten Staaten, sollen indessen das Gegenteil beweisen.

In den USA gibt es bereits seit Anfang der 80er Jahre ungefähr 10000 Unternehmen mit sogenannten »employee stock-ownership plans«, kurz »ESOP« genannt, zu deutsch: Arbeitnehmer-Aktieneigentums-Pläne. Von diesen 10000 ESOP-Unternehmen gehören 1500 den Mitarbeitern per Aktien entweder ganz, oder sie besitzen eine Majorität oder eine sogenannte Sperrminorität der Unternehmensaktien. Der Schöpfer dieser ESOP-Idee war der Rechtsanwalt Louis Kelso aus San Francisco, der seinen eigenen Worten zufolge »die plutokratische Wirtschaftsmacht in den USA demokratischer gestalten« wollte.[286]

Heute sind mehr als 10 Millionen Amerikaner durch derartige ESOP-Aktien am Produktivvermögen »ihrer« Unternehmen beteiligt. Hier einige Beispiele von ESOP-Unternehmen: Bei Quad/Graphics, einer Großdruckerei im Bundesstaat Wisconsin, die Hunderte von Katalogen, Magazinen, Zeitungen (auch »TIME MAGAZINE«) druckt, verfügen Mitarbeiter, die dem Unternehmen länger als fünf Jahre angehören, durchschnittlich über ESOP-Aktien im Werte von 250000 $. Um den Mitarbeitern den Kauf dieser Aktien zu ermöglichen, zu dem sie als normale Lohnempfänger nicht in der Lage gewesen wären, nahm die Quad/Graphics-Gesellschaft Kredite von Banken auf, denen sie die Sicherheiten an ihren Anlagen, Werten und Forderungen überließ. Die Mitarbeiter verzichteten für eine bestimmte Zeit auf Lohnerhöhungen. Der Wert der Mitarbeiter-Aktien bei Quad/Graphics stieg von 1980 bis 1989 fast um das Hundertfache.[287]

Das Unternehmen Stone Construction Equipment im Bundesstaat New York, das Maschinen und Werkzeuge für

Straßen- und Häuserbau herstellt, wurde zu Beginn der 80er Jahre wegen drohenden Bankrotts von den Mitarbeitern per ESOP-Aktien aufgekauft. Auch sie nahmen einen Kredit bei einem Banken-Konsortium auf und verzichteten auf Lohnerhöhungen. In den Jahren 1986 bis 1988 erhöhten sich die Umsatzeinkünfte von 12 Millionen auf 30 Millionen. Die Profitzuwächse beliefen sich im gleichen Zeitraum auf mehr als 10 Prozent. 1996 – zehn Jahre später – konnte das von den Mitarbeitern bestellte Management aus den Unternehmensgewinnen den Kredit gänzlich zurückzahlen, mit dem man die ESOP-Aktien für die ehemaligen Lohnempfänger erworben hatte. In der Zwischenzeit war der Kurs der ESOP-Aktien gestiegen, zudem gab es Dividende. Die Belegschaft nennt das »Workholder Value«.[288]

Im Jahre 1984 kaufte die Belegschaft von Oregon Steel Mills (ein Stahl verarbeitender Konzern im US-Bundesstaat Oregon) das gesamte Aktienpaket des Unternehmens per Bankkredit auf, um es vor der Pleite zu retten. Die Mitarbeiter nahmen freiwillig Lohnsenkungen hin und verzichteten auf andere Vergütungen. Inzwischen haben sie – durch den Ankauf modernster Fließbänder und erhebliche Arbeitszeitverkürzung (die Wochenarbeitszeit sank von 40 auf 28 Stunden!) – das Unternehmen wieder auf Vordermann gebracht. Vor dieser »freundlichen Übernahme« brauchte ein Arbeiter 9 Stunden, um eine Tonne Stahl zu produzieren – heute braucht er nur noch drei Stunden dazu. Nach drei Jahren Zugehörigkeit werden Beschäftigte anhand des ESOP-Plans bei Oregon Steel Mills »Mitarbeiter-Aktionäre«.[289]

Das Beispiel von Oregon Steel Mills machte Schule in den USA. Die amerikanische Stahlarbeiter-Gewerkschaft United Steel Workers of America hat in der Zwischenzeit Dutzende von maroden Stahlbetrieben, die kurz vor der Pleite standen, durch ESOP-Pläne gerettet, indem sie mit den von den Stahlarbeitern eingezahlten Pensionskassen-Beiträgen erhebliche Stahl-Aktien-Pakete auf dem Börsenmarkt aufkaufte und diese als Mitarbeiter-Aktien an die Belegschaften ausgab. Wie bei Oregon Steel Mills waren die Beschäftigten jedesmal willens, Lohnsenkungen hinzunehmen, die in den 90er Jahren durch Aktien-Dividende ausgeglichen wurden. Das nennt man in den USA »Lohn-gegen-Aktien-Tausch« (wage-for-stock-trade offs). Die US-Stahlindustrie erholte sich durch diese freundlichen Übernahmen ehemaliger Lohnempfänger zusehends.[290]

Ein sehr gutes Beispiel für die Rettung von Unternehmen vor »feindlichen Übernahmen« durch Emission von ESOP-Aktien ist die weltberühmte Firma Polaroid. Als Antwort auf den Versuch einer feindlichen Übernahme durch den Konzern Shamrock Holdings bildeten die Polaroid-Mitarbeiter im Juli 1988 einen »Mitarbeiter-Ausschuß«, also schlicht einen Betriebsrat (Employee Committee), der dem Management einen ESOP-Plan unterbreitete. Das Management akzeptierte in seiner Not diesen ESOP-Plan, der den Mitarbeitern ein Aktienpaket von 15,1 Prozent zusicherte. Dadurch besaß die Belegschaft eine Aktien-Sperrminorität, die eine feindliche Übernahme durch Shamrock Holdings blockieren sollte.[291]

Bei der Befragung stimmten mehr als zwei Drittel der 9000 Polaroid-Beschäftigten für den ESOP-Plan ihres Mitarbeiter-Ausschusses, der nun im Vorstand des Unternehmens Mitentscheidungsbefugnis besitzt. Der Kredit für die Sperrminorität wurde aus dem Pensionsfonds der Mitarbeiter und über ein Bankenkonsortium besorgt. Da Polaroid als Aktiengesellschaft im Bundesstaat Delaware eingetragen ist und dieser ein Anti-Übernahme-Gesetz (Anti-Takeover Law) erlassen hatte, bei dem Corporate Raiders zumindest 85 Prozent aller Aktien des Zielunternehmens aufkaufen müssen, gelang es dem Shamrock-Konzern tatsächlich nicht, Polaroid zu übernehmen.

Aber Shamrock ging vor Gericht wegen Polaroids ESOP-Plan, der nach Meinung der Shamrock-Manager »fingiert«

war, und legte Beschwerde ein. Als die Richter die Shamrock-Beschwerde abwiesen, »da sprangen«, so Nicholas Pasquarosa, der Vorsitzende des Betriebsrats, »Polaroids Mitarbeiter vor Freude an die Decke«.[292]

Zwischen 1986 und 1988 gaben drei große US-TNK, nämlich J. C. Penney, Ralston Purina und Texaco, ESOP-Aktien an ihre Beschäftigten aus. Durch Kreditaufnahmen bei Banken und Pensionsfonds der Lohnempfänger (mit deren Zustimmung) trieben die drei Unternehmen 1,75 Milliarden $ für Mitarbeiter-Aktien auf, stellten diese postwendend der Belegschaft zur Verfügung und wehrten auf diese Weise drohende feindliche Übernahmen durch Unternehmensjäger ab. Der US-Multi Procter & Gamble erhöhte im Januar 1989 den bereits bestehenden 14prozentigen ESOP-Aktienanteil seiner Mitarbeiter auf eine Sperrminorität von 20 Prozent, um mehrere Versuche feindlicher Übernahmen abzublocken.[293]

An dieser Stelle möchte ich von einem persönlichen Erlebnis berichten: Als ich im Juni 1991 in San Francisco aus dem Flugzeug stieg, die Zollabfertigung hinter mich gebracht hatte und dann zu den Autovermietungen ging – ich wollte wie gewöhnlich bei Hertz einen Wagen mieten –, fielen mir Mitarbeiter der Avis-Autovermietung auf, die in der Flughafenhalle umherliefen. Sie trugen eine große runde Plakette an der Brust, auf der zu lesen war: »We do everything better, we are Avis' owners.« Als ich sie fragte, warum sie denn wirklich alles besser machen würden, erklärten sie mir, der Avis-Konzern hätte kurz vor der Pleite gestanden. Da habe die Belegschaft einen ESOP-Plan ausgearbeitet, einen Kredit aufgenommen und an der Börse die Aktienmajorität von Avis erworben. Nun seien die Mitarbeiter die Eigentümer, Avis stehe in den schwarzen Zahlen, der Aktienkurs sei nach oben gegangen. Darauf seien sie alle mächtig stolz – und machten eben deshalb alles besser. Nach dieser kurzen Unterhaltung entschied ich mich, ein Avis-Auto zu mieten.

Auch in Deutschland können solche Mitarbeiter-Aktienpläne, initiiert von Betriebsräten und unterstützt von Gewerkschaften, eingeführt werden. Dadurch würden ehemalige Lohnempfänger nicht nur Miteigentum und Mitbestimmung, sondern auch Mitverantwortung erhalten, sich mit »ihrem« Unternehmen identifizieren und zu einem nicht mehr fremdbestimmten Arbeiten motiviert.

7. NGO und Mitbestimmende Demokratie

Wir sollten versuchen, die Organisationsformen und Funktionen von Öko- und Betriebsräten in die bereits existierenden Nicht-Regierungs-Organisationen (Non Governmental Organisations; NGO bzw. NRO) und in die künftigen Institutionen des Dritten Sektors zu transferieren, der im 21. Jahrhundert vielen Menschen Arbeit und Brot geben könnte. Um den Aufbau dieses »profitlosen« Sektors zu ermöglichen, müssen wir jedoch zuerst die postindustrielle Marktwirtschaft demokratisieren. Die bisherige *Reduktion* von Demokratie auf den Bereich Politik wird uns jetzt bei der zunehmenden Dominanz der Wirtschaft über die Politik zum Verhängnis. Wir müssen Instrumente entwickeln, um die Alleinherrschaft der Manager zu kontrollieren, sonst wird es allenfalls eine Oligarchie geben, eine Herrschaftsform, bei der trotz formeller Gleichberechtigung aller in der Politik – das heißt gleiches Wahlrecht für alle – die tatsächliche Macht in der Hand einer kleinen Gruppe bleibt, nämlich der Topmanager der Wirtschaft.

Wirkliche Demokratie kann nur durch die Ausweitung von demokratischen Formen der Entscheidungsfindung, durch Mitbestimmung und Miteigentum der Arbeitnehmer im Wirtschaftsleben entstehen. Dadurch wird zugleich die Selbstbestimmung der Arbeitnehmer gefördert, und diese werden stufenweise vorbereitet auf ein nicht mehr fremdbestimmtes Arbeiten in den NGO des zukünftigen Dritten Sektors.

Die moderne Demokratietheorie hat vieles über die Parteipräferenzen der Wähler, über ihre Politik-Apathie, über soziale Schichtung, innerparteiliche Demokratisierung, die Verschlankung des Staates etc. ausgesagt. Aber das Thema Wirtschaftsdemokratisierung hat sie meist ausgeklammert. Aus dem bisher Dargelegten läßt sich erstens schlußfolgern: Eine Neudefinition von Demokratie muß vor allem die Demokratisierung der Marktwirtschaft, des Ersten Sektors, beinhalten. Und zweitens: Dies kann nur durchgesetzt werden, wenn die Gesellschaft durch Instrumente wie Volksentscheid, zivilen Ungehorsam (einschließlich Generalstreik) und die Schaffung einer Europäischen Sozialunion das Primat der Wirtschaft über die Politik durchbricht.

Beim Aufbau einer Miteigentümer- und Mitbestimmungsgesellschaft müssen insbesondere die Mittelschichten mitwirken. Sie sind die eigentlich staatstragenden und demokratiebewußten Schichten; staatstragend im wahrsten Sinne des Wortes, denn sie zahlen proportional die meisten Steuern für das Überleben des Staates und dürften auch am Erhalt des Kultur- und Sozialstaats am stärksten interessiert sein.

Die Reichen, die Topmanager der TNK, die zukünftige 20prozentige Wissenselite wollen sich zwar der Demokratie und staatlicher Institutionen zur Durchsetzung ihrer Ziele und der von ihnen diktierten »Sachzwänge« bedienen, sind aber ansonsten dem Staat gegenüber ganz klar feindlich gesinnt: Er ist für sie ein Kostenfaktor, dem man Steuern so weit wie möglich durch Steueroasen, Abschreibungen oder angedrohte Produktionsverlagerungen entziehen muß, dessen Gesetze und Auflagen man »deregulieren« muß. Sie wollen unbehelligt vom Staat, seinen Institutionen und von der großen Mehrheit der Bürger ihre Herrschaft ausüben. Öffentliche Güter und Belange – solch lästige Lappalien wie

Sozialstaatlichkeit, allgemeine Sicherheit und Bildung – bedeuten ihnen nichts.

Die Wirtschaftsbosse haben sich die Politik untertan gemacht, aus der repräsentativen parlamentarischen Demokratie eine in sich erstarrte Verwaltungs- und Zuschauerdemokratie geformt, die ihnen wie eine willenlose Kreatur dienen soll. Dagegen müssen wir uns wehren, wenn nötig durch zivilen Massenungehorsam, durch gewaltfreien Aufstand. Der nordamerikanische Politologe Christian Bay (vormals University of California, Berkeley) sagte dazu: »Demokratie, wie wir sie im Westen kennen, ist offenbar zu einem fast reibungslosen Instrumentarium zur Erhaltung des Status quo für die herrschenden Gruppen geworden.« Vernünftiger Wandel in Wirtschaft und Politik sei nur noch in dem Maße möglich, in dem die Bürger den verbreiteten Glauben überwänden, in unserer Gesellschaft herrschten bereits demokratische Verhältnisse, man müsse daher die bestehenden Gesetze einhalten.[294]

Bei dieser Sachlage, so Bay, bleibe zwar immer der äußere Schein von Demokratie bestehen, doch sei die Diskrepanz zwischen unseren rosaroten Vorstellungen von Demokratie und der Entfremdung im Produktionsprozeß sowie dem Ausschluß der Massen von Mitbestimmen, Mitverantworten und Mitbesitzen in der Marktwirtschaft immer größer geworden, so daß schließlich nur noch gewaltloser ziviler Ungehorsam die starren Realitäten aufbrechen könne.[295]

Unter den Bedingungen des demokratischen Pluralismus bedeute unkritischer Gehorsam nicht nur Vermeiden von Gewalt, sondern auch das Aufgeben jeglicher bewußten Aktivität, effektiv auf eine Änderung und Vermenschlichung des autoritären Systems hinzuarbeiten. »Damit ist man von vornherein einverstanden, unter Regeln zu leben, die in Wirklichkeit dafür bestehen, die Interessen der herrschenden Gruppen zu bewahren und die Entwicklung wahrhaft demokratischer Verhältnisse zu verhindern. Die herrschenden Gruppen sind dabei mächtiger geworden, die Beherrschten ohnmächtiger.«[296]

Der britische Sozialwissenschaftler Gene Sharp meint, in einem Rechtsstaat, der diesen Namen verdient, sollte das Recht zum organisierten, gewaltfreien zivilen Ungehorsam in der Verfassung verankert werden. Dies sei in keiner unserer Verfassungen bisher der Fall, da die Herrschenden dadurch ihre Herrschaftsausübung und ihre Privilegien in Gefahr sehen würden. Im Gegenteil, so Sharp, unsere Regierungssysteme hätten »nur Widerstandsparagraphen, Verfassungszusätze oder Statuten zur Aufrechterhaltung der öffentlichen Ordnung und zum Schutze der überlieferten Eigentums- und Produktionsverhältnisse in ihren Verfassungen eingebaut«[297]. Das Recht auf zivilen Ungehorsam als Bestandteil unserer Verfassungen würde nach Gene Sharp auch als »eine Art Ventil für die Demokratie« wirken können: »Der organisierte, gewaltfreie zivile Ungehorsam, verankert in unseren Verfassungen, würde in dieser Form eine geordnete, friedfertige Alternative für politische Gewalttaten und autoritäre Herrschaftsausübung mit den ihnen innewohnenden antidemokratischen Tendenzen und Unterdrückungsformen darstellen.«[298]

Es wird sich zeigen müssen, ob Volksentscheide und ziviler Ungehorsam dazu beitragen können, das Primat der Politik über die Wirtschaft zu erlangen, ob es gelingt, durch ESOP-Miteigentum, Öko- und Betriebsräte Marktwirtschaft zu demokratisieren und den Turbokapitalismus zu bremsen. Nur dann werden wir in der Lage sein, wirkliche Demokratie zu schaffen und rechtzeitig einen profitlosen Dritten Sektor aufzubauen, der außerhalb der Marktwirtschaft vielen Menschen Arbeit und Selbstverantwortung ermöglichen soll.

In seiner gesellschaftlichen Bedeutung wird dieser Dritte Sektor künftig den klassischen profitmaximierenden Erwerbssektor weit hinter sich lassen. Er wird nach den Prinzipien einer Mitbestimmenden Demokratie arbeiten. Auch letzteres steht im totalen Gegensatz zum autoritär geführten Ersten Sektor, der bisher noch von einer vertikalen, hierarchischen Führungs- und Entscheidungsstruktur beherrscht wird.[299]

NGO gibt es schon seit langem. Je mehr der Erste Sektor unsere Umwelt verschmutzte, unsere Ressourcen verschwendete, öffentliche Belange und das Gemeinwohl ausblendete und unser Zusammenleben entfremdete, desto schneller und häufiger entstanden sie als Gegenpol. Sie haben durch Kirchenverbände, Umweltorganisationen, Entwicklungshilfe- und Anti-Gentechnologie-Gruppen, Jugend-, Alten- und Arbeitslosenhilfsorganisationen, Anti-Drogenvereine etc. in ihren betreffenden Ländern und teilweise auch international bereits »soziales Kapital« geschaffen. Nur bezahlt wurden sie dafür im allgemeinen nicht. *Global* – und zwar gegen Umweltzerstörung, Verschwendung und wachstums- und wettbewerbsbesessenen Turbokapitalismus – traten einige von ihnen das erstemal vom 1. bis 12. Juni 1992 auf dem UNO-Umweltgipfel in Rio de Janeiro auf.[300]

Regierungsvertreter, darunter allein 100 Staatschefs, Tausende von Ministern, Beamten, Beratern, dazu Zigtausende von Journalisten trafen sich damals, um die Probleme der Umweltzerstörung, des möglichen ökologischen Zusammenbruchs unseres Planeten und eines für Nord und Süd gemeinsam anwendbaren wirtschaftlichen Wohlstandsmodells zu diskutieren und überwinden zu helfen. Das Ergebnis war Schall und Rauch.

Die Teilnehmer konnten sich weder über ein gemeinsames nachhaltiges Wohlstandsmodell noch über Entwicklungshilfe für den Süden, noch über Emissionsminderung des verheerenden Treibhausgases CO_2 oder Verminderung von FCKW-Emissionen einigen. Es mangelte den Regierungen nicht nur an dem Willen zum Handeln – auch wegen der

Konditionierung durch ihre Wirtschaftseliten –, sie besaßen einfach keine gemeinsamen Modelle und Visionen. Schuld daran waren zumeist die reichen Nordländer, die ihre Vorzugsstellung – auch auf Kosten des armen Südens – nicht aufgeben wollten.[301] Fünf Jahre später, dokumentiert auf der UN-Umweltkonferenz in New York 1997, hat sich die planetarisch-ökologische Situation noch einmal verschlechtert: die CO_2-Emissionen sind enorm gestiegen – allein im letzten Jahr weltweit um rund 4 Prozent, in den USA um 9 Prozent –, mehr Regenwälder sind abgeholzt, mehr Arten zerstört, mehr Benzinautos zugelassen worden als je zuvor. Doch auch diese UN-Konferenz von 1997 brachte keine Abhilfe, wieder wurde kein Plan gefaßt aufgrund des Vetos der Nordstaaten, insbesondere der USA.[302]

Parallel zum offiziellen Umweltgipfel 1992 fand im Flamingo-Park von Rio de Janeiro unter dem Namen Global Forum 92 ein »alternatives Treffen« von regierungsunabhängigen Umweltschutz-Organisationen, Entwicklungshilfe-, Kirchen- und sozialen Gruppen wie südamerikanischen und afrikanischen Bauernorganisationen statt.[303] Letztere motivierte vor allem die Angst vor den gentechnologischen Auswirkungen auf Landwirtschaft, Ernten und ihre Jobs.

Im Flamingo-Park wurden auf 150 Veranstaltungen Beschlüsse und Vorschläge erarbeitet und einvernehmlich koordiniert, so Warren Lindner, einer der Organisatoren des Global Forum 92, das von der UNO mitfinanziert wurde. Circa 10000 Vertreter der oben genannten regierungsunabhängigen Organisationen und ihre Sympathisanten aus Nord und Süd nahmen daran teil. Sie entwickelten unter anderem ein umweltverträgliches, nachhaltiges Wohlstandsmodell und ökologische Modelle, die das Überleben nachkommender Generationen sichern sollen.[304]

Die basisdemokratische Zusammenarbeit und Vernetzung zwischen Umweltschützern, Entwicklungshelfern und anderen sozialen Gruppen – gerade auch aus der südlichen

Hemisphäre – hielt Peter Wahl von der NGO »Allianz nördlicher Entwicklungs- und Umweltgruppen« in Frankfurt für das »wichtigste langfristige Ergebnis von Rio«.[305]

Das alternative Global Forum 92 forderte in einem Strategiepapier die schnellstmögliche Entwicklung einer nachhaltigen Weltwirtschaft, in der die Nordstaaten in bestimmten Industriebranchen ihr Wirtschaftswachstum drosseln sollten, damit parallel dazu die Entwicklungsländer aufholen könnten. Unter anderem wurden die Industriestaaten des Nordens aufgefordert,

– mindestens ein Prozent ihres jährlichen Bruttosozialprodukts als Entwicklungshilfe an die armen Länder des Südens abzuführen – und zwar, wo möglich, an die dortigen NGO;

– die Kohlendioxidemissionen – basierend auf den Werten von 1990 – bis 2005 weltweit um rund 60 Prozent zu drosseln (das waren die Werte, die das Londoner UNO-Forum für Klimaveränderung 1990 vorgeschlagen hatte) und einen sofortigen totalen FCKW-Stopp durchzusetzen;

– zu Beginn des 21. Jahrhunderts in Nord und Süd eine Energiewende einzuleiten: 2020 sollten Sonne, Wasser, Wind und Geothermik die den Treibhauseffekt erzeugenden, fossilen CO_2-emittierenden Energieträger größtenteils ersetzen. Der Norden sollte dem Süden die dafür erforderlichen Technologien anfangs möglichst kostenlos zur Verfügung stellen, zumindest aber auf der Grundlage langfristiger, zinsloser Kredite.[306]

Für die NGO war der Flamingo-Park von Rio ein Graswurzel-Trainingscamp in der Ausübung Mitbestimmender Demokratie. In tage- und nächtelanger Arbeit hatten die aus vielen Ländern kommenden Teilnehmer die genannten Vorschläge ausgearbeitet und mit Mehrheitsbeschlüssen angenommen.[307] Ihr Forderungskatalog liefert den Beweis dafür, daß die NGO erstens im Gegensatz zu den offiziellen Vertretern von Politik und Wirtschaft Visionen für die Zukunft haben, die das Überleben sichern und nicht in die Zerstörung führen, und zweitens auch auf globaler Ebene wesentliche Funktionen und Verantwortung übernehmen können.

Wenn NGO in Rio in demokratischen Strukturen gearbeitet und entschieden haben, werden sie es in Zukunft auch im Dritten Sektor können. Sie werden den aus dem Ersten Sektor ausgegrenzten Massen – die bisher in autoritär-hierarchischen Befehlsstrukturen arbeiten mußten – nicht nur Brot und Arbeit geben, sondern auch Möglichkeiten zum Mitbestimmen und Mitentscheiden eröffnen und ein grundlegend neues Verständnis von Arbeit und Miteinanderleben vermitteln können. Dies ist ein wesentlicher Teil der Vision für die Zukunft.

Das alternative Global Forum 92 sandte an uns alle die glaubwürdige Botschaft: Verschwendung, grenzenloses Wachstum und Wettbewerbsobsession, das Unterdrücken von Solidarität sind zentrale Hindernisse für eine nachhaltige, überlebensfähige Gesellschaft. Aber auf der UNO-Weltklimakonferenz 1995 in Berlin konnte sich die US-Administration nicht dazu durchringen, konkrete Vorschläge zur Reduzierung der Treibhausgase vorzulegen. Unter dem Druck der Global Climate Coalition – einer Lobby aus US-Autoherstellern, Ölfirmen, Kraftwerksbetreibern – sah sie sich zu einer reinen Blockadepolitik gezwungen.[308]

Die Vertreter der Bundesregierung hatten auf dem Klimagipfel in Berlin zunächst eine Vorreiterrolle übernommen und vorgeschlagen, in Deutschland bis zum Jahre 2005 die CO_2-Emissionen um 25 bis 30 Prozent zu reduzieren. Die Europäische Union wollte nicht mitziehen, und das Bundeswirtschaftsministerium – gedrängt von den Arbeitgeberverbänden – verkündete bald darauf, daß lediglich eine zehnprozentige Kohlendioxid-Reduktion in diesem Zeitraum realistisch wäre. Die in Berlin zahlreich vertretenen NGO unterstützten insbesondere die Klimaschutzinteressen der kleinen Inselstaaten (Alliance of Small Island States; AOSIS), für die eine Reduzierung der Treibhausgase von überlebenswichtiger Bedeutung ist. Gemeinsam mit der AOSIS legten sie ein »Reduktionsprotokoll« vor, in dem eine Verminderung des CO_2-Ausstoßes in den Industrieländern um 20 Prozent bis 2005 (Basisjahr 1990) gefordert wird.[309]

Mit geringen Hoffnungen begannen im Oktober 1997 in Bonn Vorverhandlungen zum Weltklimagipfel, der wenige Wochen später im japanischen Kyoto stattfinden sollte. Die US-Delegation erklärte, daß Präsident Clinton erst ab 2012 den Ausstoß von Treibhausgasen auf das Niveau von 1990 zurückführen und im Jahre 2017 um 5 Prozent senken wolle. Diese Ankündigung ließ weltweit einen Sturm der Entrüstung losbrechen – selbst bei Politikern. Bundesumweltministerin Angela Merkel kanzelte Clintons Vorschlag als »inhaltlich enttäuschend« ab. »Ein Schritt in die falsche Richtung«, wetterte EU-Umweltkommissarin Ritt Bjerregaard. Greenpeace-Klimaexpertin Kalee Kreider nannte den Tag, an dem Clinton seinen Entschluß verkündete, einen »schwarzen Mittwoch«[310].

Selbst Japans Ministerpräsident Ryotaro Hashimoto forderte die USA als »weltweit größten Klimafrevler« auf, die »Emission von Treibhausgasen stärker zu reduzieren«. Seine Regierung, so Hashimoto, gehe mit dem Vorschlag einer 5prozentigen Senkung der Treibhausgase bis 2010 (gemessen an den Werten von 1990) in die Kyoto-Konferenz.[311]

Die Europäische Union ließ in Bonn verlautbaren, sie wolle weiterhin ihren Ausstoß von Treibhausgasen nach dem Jahr 2004 auf der Basis von 1990 um 15 Prozent senken. Diesem Vorschlag haben sich inzwischen auch Bremserländer wie die OPEC-Staaten und China angeschlossen. Allerdings, so Ministerin Merkel, wollen diese Länder für die Umsetzung finanzielle Hilfen von der Weltbank und den High-Tech-Ländern.[312]

Präsident Clinton wurde wieder von der Global Climate Coalition attackiert, eine mächtige Wirtschaftslobby, die in teuren Werbekampagnen den Klimaschutz anprangert und vor Wohlstandsschwund und Arbeitslosigkeit warnt. Clinton kapitulierte, doch plagen ihn offenbar Zweifel an seiner Klimapolitik. In einer Diskussionsrunde grübelte er daraufhin: »Was werden einmal die Enkel meiner Tochter Chelsea zu meiner Entscheidung sagen?«[313]

Der »Kompromiß«, der schließlich nach langem Hickhack am 11. Dezember 1997 auf der Klimagipfelkonferenz in Kyoto ausgehandelt wurde, war ein klarer Sieg für die Öko-Bremser. Von der Gruppe der 38 Industrienationen, die dort vertreten waren, wird nun verlangt, den Ausstoß der Treibhausgase zwischen 2008 bis 2012 durchschnittlich um ganze 5,2 Prozent gegenüber 1990 zu senken.

Die Europäische Union, die zwei Monate zuvor in Bonn noch eine Reduzierung ihres Treibhausgas-Ausstoßes von 15 Prozent vorgeschlagen hatte, will ihn im genannten Zeitraum um acht Prozent senken, die USA um sieben und Japan um sechs Prozent.[314]

Doch selbst dieses verwässerte Ergebnis droht in den USA an innenpolitischen Widerständen zu scheitern. Die Global Climate Coalition plant millionenschwere TV-Werbekampagnen gegen den Kompromiß und hat bereits die republikanische Mehrheit im US-Senat auf ihrer Seite. Trent Lott, republikanischer Mehrheitsführer und wahrscheinlich Präsidentschaftskandidat seiner Partei, kündigte an, der US-Senat werde das Kyoto-Protokoll nicht ratifizieren, insbesondere weil Schlüssel-Entwicklungsländer ihre Treibhausgase nicht senken müßten. Bundesumweltministerin Angela Merkel begrüßte zwar die Übereinkunft, nannte jedoch als Bedingung für die Ratifizierung des Protokolls durch die Bonner Regierung, daß zumindest 50 Prozent der Verpflichtungen durch nationale Maßnahmen erfüllt werden müßten.[315]

Auf den UN-Konferenzen gelten NGO als »Repräsentanten der Zivilgesellschaft«, ihnen wird die Rolle eines unabhängigen Kontrollorgans und Frühwarnsystems zugewiesen, und sie werden als objektive Informationsquelle betrachtet. Eine solche auch durch die Medien propagierte globale zivilgesellschaftliche Stellvertreterrolle bürdet den NGO schwierige Aufgaben auf, die sie nicht in vollem Umfang wahrnehmen können. Unter demokratietheoretischen Gesichtspunkten ist Global Governance als eine Antwort auf das Streben der Zivilgesellschaft nach Mitbestimmung bei den globalen Entscheidungsprozessen zu werten. Diese Einflußnahme außerhalb des Staates und der Marktwirtschaft hebt jedoch die ungleiche »Verteilung von Macht- und Problemlösungsressourcen« nicht auf. Wer NGO heute schon die Fähigkeit zur Macht- und Herrschaftsausübung zubilligt, ignoriert, daß sie bisher keine unmittelbare Macht besitzen und nur beratende und warnende Funktionen ausüben.[316] Das zeigte sich auch in Kyoto, wo die wieder zahlreich vertretenen NGO den niederschmetternden Ergebnissen ebenso macht- wie fassungslos gegenüberstanden.

Um an der internationalen Politik mitwirken zu können, müßten sie »Steuerungs-, Kreativitäts- und Problemlösungspotentiale« bündeln und finanzielle Mittel besitzen. Die globalen Politikkonzepte müssen auf die lokalen Ebenen zugeschnitten und dort verbreitet werden, um tatsächlich Wirkung zu entfalten. Das bedeutet für die NGO, sie müßten ein Netzwerk als »wichtigen legitimatorischen und demokratischen Eckpfeiler für global governance« aufbauen, »weil durch vernetzte gesellschaftspolitische Prozesse Lokalität und Globalität als unterschiedliche Handlungsebenen verknüpft werden könnten«.[317]

»DIE ZEIT« schätzte die Nicht-Regierungs-Organisationen hochtrabend als »Die neue Internationale« ein und behauptete, auf den UN-Gipfeln in Rio de Janeiro, Wien, Kairo und Peking hätten die Medien den Aktivitäten der

NGO mehr Aufmerksamkeit gewidmet als dem regierungsoffiziellen Teil. Der Erfolg von Greenpeace gegen Shell sei ein spektakulärer Höhepunkt beim Aufstieg dieser neuen globalen Akteure. Des weiteren »entdeckte« »DIE ZEIT« eine »internationale Zivilgesellschaft«, die »als Korrektiv oder gar als Gegenmacht zu Markt und Staat« Umwelt, Mensch und Sozialstaat vor den partikularen Interessen von TNK und nationalen Regierungen bewahrt. Ein neuer Hoffnungsträger sei uns geboren.[318]

Dies wäre in der Tat zu wünschen, doch so weit ist es noch lange nicht. Der bereits genannte Peter Wahl, gegenwärtig Geschäftsführer der NGO Weltwirtschaft, Ökologie & Entwicklung – W.E.E.D. – in Bonn, sieht die Gefahr, daß »die medial vermittelte Spektakularität der Aktionen von NGO« uns an einer realistischen Einschätzung hindert.[319] Im Gegensatz zu den wirklichen Global Players »haben NGO noch immer eine untergeordnete Bedeutung« – selbst wenn sie sich als weltweite elektronische Netzwerke organisierten. »Zum Mitspielen fehlen ihnen noch wichtige Ressourcen: Anders als Regierungen verfügen NGO über keine staatlichen Machtinstrumente; anders als die TNK verfügen sie auch nicht über nennenswerte wirtschaftliche und finanzielle Mittel, mit denen sie Macht und Einfluß ausüben könnten. Die Ressourcen, über die NGO verfügen, sind machtpolitisch gesehen weiche Instrumente: Sach- und Problemlösungskompetenz, hohe Motivation und Engagement, das Image von Dynamik und Unverbrauchtheit, der Ruf von moralischer Integrität und selbstlosem Idealismus.«[320]

Das häufig moralisch und ethisch überhöhte Image verleitet die NGO dazu, die eigene Arbeit nicht mehr selbstkritisch zu betrachten. Die internationale Zivilgesellschaft und ihre NGO lassen sich zwar von grundsätzlich anderen Prinzipien leiten als der Erste und Zweite Sektor, doch sie können sich keinesfalls in jeder Hinsicht von der übrigen Gesellschaft unterscheiden, aus der sie hervorgegangen sind. Auch bei ihnen gibt es, wie in jeder Institution, Widersprüche, Machtkämpfe, Dominanzverhältnisse und – zum Beispiel bei Greenpeace – vertikale Organisationsformen. Letzteres ist wohl bei dieser globalen NGO wegen gleichzeitiger Aktionen an verschiedenen Plätzen der Welt kaum zu umgehen.

In vielen multinationalen NGO konkurrieren heute »basisdemokratische und horizontale Selbstorganisationsprozesse mit zentralistischen und hierarchischen Konzepten«. Aufgrund der Probleme, die eine an basisdemokratischen Leitbildern orientierte internationale Vernetzung heraufbeschwor, orientieren sich einige große NGO aus dem Norden zunehmend auf »traditionelle Formen internationaler Kooperation, die, von einem Zentrum ausgehend, sich zu einer vertikalen Organisation entwickeln«[321].

Die heutigen NGO sind keine Bedrohung für die Globalisierung insgesamt, aber sie fungieren als Katalysatoren für mehr Demokratie im internationalen System und schaffen auf lokaler, nationaler und ansatzweise auch auf globaler Ebene Voraussetzungen für demokratische Kontrolle. Ihre bisherige Arbeit läßt auf mehr basisdemokratische Herrschaftsformen im künftigen Dritten Sektor hoffen. NGO müssen ihre Ressourcen erweitern, »inhaltliche Kompetenz, moralisches Ansehen etc.« genügen nicht, »denn die notwendigen Weichenstellungen für eine zukunftsfähige Entwicklung hängen nicht primär von Wissen und Bewußtsein ab«, sondern von materiellen Interessen, Herrschafts- und Eigentumsverhältnissen und überlieferten Machtkonstellationen. »Machtblindheit und die Unterschätzung von vermachteten Interessen« ist nach Peter Wahl momentan ein »weit verbreitetes Phänomen in der internationalen NGO-Gemeinschaft«. Sie hat gegen das Beschneiden ihrer Tätigkeit bisher ebensowenig ein Konzept entwickeln können wie gegen das Phänomen, daß »die Schere von Problembewußtsein und tatsächlicher Problemlösung« sich immer mehr öffnet.[322] Ziviler Ungehorsam könnte hierauf eine Antwort sein.

Ihr Beitrag zu mehr Demokratisierung in internationalen und lokalen Beziehungen, ihr Know-how zur Durchsetzung konkreter politischer Schritte machen die NGO zu Partnern in einem Bündnis all jener Kräfte, die national und global eine demokratische, sozial gerechtere und ökologisch nachhaltige Gesellschaft anstreben. Eine solche Allianz von unten ist angesichts der risikoreichen Globalisierungsprozesse für einen menschlicheren, zukunftsfähigen Weg in das 21. Jahrhundert unabdingbar.

Das gegenwärtige Wachstums- und Wettbewerbsmodell der High-Tech-Marktwirtschaft bringt uns nämlich mit Riesenschritten dem sozialen und ökologischen Kollaps näher. Donella und Dennis Meadows sowie Jorgen Randers definieren »Nachhaltigkeit« wie folgt: »Eine Gesellschaft ist dann nachhaltig, wenn sie so strukturiert ist und sich so verhält, daß sie über alle Generationen existenzfähig bleibt. Mit anderen Worten: Sie ist so weitsichtig, so wandlungsfähig und so weise, daß sie ihre eigenen materiellen und sozialen Existenzgrundlagen nicht unterminiert.«[323]

Die Weltkommission für Umwelt und Entwicklung der UN erklärt, eine Gesellschaft sei »nachhaltig«, wenn sie »den Erfordernissen der Gegenwart angemessen gerecht wird, ohne die Möglichkeit künftiger Generationen zu beschränken, ihren eigenen Bedürfnissen nachzukommen«[324].

In der heutigen Systemforschung bezeichnet man eine Gesellschaft dann als »nachhaltig, wenn sie ausreichende Informations-, Sozial- und Verwaltungsstrukturen besitzt, die in der Lage sind, die positiven Rückkopplungen für exponentielles Bevölkerungs- und Wirtschaftswachstum so zu kontrollieren, daß die Fertilität etwa gleich der Mortalität ist und die Investitionsraten für Technologieerneuerung etwa den Raten der Kapitalabnutzung entsprechen«[325].

Die Manager des Turbokapitalismus ignorieren solche Gedanken, ganz gleich, in welcher Form sie definiert werden.

André Gorz warnte 1986 vor der Gefahr, »daß sich eine technokratische Expertenkaste herausbildet, die im Namen von technischer Professionalität und Experimentierleidenschaft ihre Kompetenzen zur Verstärkung von Herrschaft und Kontrolle der ökonomischen Machtgruppen und des Staates über die Bürger einsetzen lassen oder gar selbst einsetzen«.[326] In der Tat sind es heute die Manager, die uns eigentlich regieren und unsere Zukunft bestimmen. Sie setzen gemäß ihrer Ideologie der Profitmaximierung auf furiose Erneuerung der Technologie und wollen durch immer bessere Wettbewerbsfähigkeit die Mitspieler niederkonkurrieren.[327] Sie werden – lange vor der Zeit – Hunderte von Millionen Menschen arbeitslos machen. Regierungen, Politiker dulden und fördern dieses System. Auch linke Intellektuelle und Gewerkschaften haben bisher der Globalisierung und der neoliberalen Bewußtseinsbildungsindustrie wenig entgegenzusetzen vermocht. Das Volk macht alles mit – noch.

Das unheilvolle Wirken der neuen Barbaren muß durch überbetriebliche Ökoräte, neuermächtigte Betriebsräte, Mitbestimmung und Miteigentum der Arbeitnehmer in demokratisierten TNK, durch Volksentscheide und durch NGO kontrolliert, zivilisiert und aufgefangen werden. Wir dürfen unsere nationalen Kulturen, unseren Sozialstaat nicht endgültig den renditehungrigen Managern überlassen – sie werden diese gewachsenen Einheiten zerstören. Wir, die Staatsbürger, müssen uns die Verfügungsgewalt darüber zurückholen. Wir müssen den Aufstand gegen die »blinde Elite« der Manager wagen.

Heute trauen viele Menschen den Gewerkschaften, den politischen Parteien, den Parlamenten und Regierungen immer weniger zu, etwas gegen die Machenschaften der Wirtschaftselite zu unternehmen. Das beweisen die Massenaustritte bei den Gewerkschaften und den Parteien, die niedrigen

Beteiligungen bei den nationalen Wahlen. In den USA gingen bei den letzten Präsidentschaftswahlen (1996) nur 49 Prozent der Wahlberechtigten zu den Urnen.

Zur gleichen Zeit ziehen die NGO Millionen von Menschen an, die aus verschiedensten Berufssparten kommen. Nach Millionen zählen die Mitglieder oder Mitarbeiter in lokalen, nationalen und internationalen Umweltschutzgruppen (Greenpeace, Robin Wood, BUND, Greenbelt Movement in Kenia, Friends of the Earth); Entwicklungshilfegruppen (Allianz Nördlicher und Südlicher Entwicklungsgruppen, Organisation der Landlosen Bauern Brasiliens, Freedom Movement der Indischen Bauern und Tagelöhner); gleiches gilt für die Hilfsorganisationen wie Misereor, Brot für die Welt, Ärzte für Eine Welt, für Friedens- und Abrüstungsgruppen (Hamburger Forum, Darmstädter Signal, US-Wissenschaftler für eine nicht-nukleare Welt, Center for Defense Information) oder für die diversen Konsumentenschutzgruppen (Nader's Raiders, Concom). In den USA gibt es auch bereits viele Gruppen für Stadt- und Kommunen-Erneuerung und -Sanierung. Dazu kommen weltweit Arbeitslosen-, Wohnungslosen- und Armenhilfsorganisationen, etwa die Hamburger Tafel, San Francisco Organisation for the Homeless, Community Kitchens in New York und Boston; Frauenhilfsgruppen; Nachbarschaftshilfsorganisationen; soziale Organisationen der Kirchen; Selbsthilfegruppen aller Art; usw. usw.

Nach den Recherchen der UNO existieren in den USA, Japan und Westeuropa Zehntausende kleinster, kleinerer und größerer NGO. Auch in Rußland und in der Dritten Welt schießen sie mittlerweile wie Pilze aus dem Boden. In diesen nicht profitorientierten NGO lernen die Menschen, an Entscheidungsfindungen teilzunehmen, von denen sie im Sektor der Markt-wirtschaft immer ausgeschlossen waren. Im Dritten Sektor können sie zu mitbestimmenden Demokraten werden.

Im Dezember 1993 gründeten NGO-Mitglieder aus vielen Ländern in New York die internationale Organisation Civicus, den Welt-Dachverband der Nicht-Regierungs-Organisationen, um »Selbsthilfe, Freiwilligkeit und Dienst an den Kommunen besonders in den Gebieten der Welt zu fördern, wo der Dritte Sektor sich gerade zu entwickeln beginnt«[328].

Miklos Marshall, der erste gewählte Vorsitzende von Civicus und ehemalige stellvertretende Bürgermeister von Budapest, sagte dazu: »Wir erleben in den 90er Jahren eine wirkliche Revolution auf globaler Ebene, die Zehntausende von Nicht-Regierungs-Gruppen, -Vereinigungen und -Organisationen umfaßt. Die 90er Jahre sind das Jahrzehnt des Dritten Sektors, weil Menschen überall auf der Welt von den traditionellen und Regierungs-Institutionen enttäuscht sind und ihnen keinen Einfluß mehr zutrauen.«[329]

In der Dritten Welt – das stellte schon das Global Forum 92 fest – schließen sich Bauernverbände und andere soziale Basisgruppen zusammen, um Automation und landwirtschaftliche Biotechnologie zu bekämpfen. In den kommenden Jahren wird sich insbesondere der Aufstand der landwirtschaftlichen NGO in den Ländern der südlichen Hemisphäre gegen das »patentrechtliche Aus-dem-Verkehr-Ziehen der einheimischen Saatgüter« durch fremde TNK und die massenweise Übernahme der landwirtschaftlichen Produktionseinheiten durch die globale Gentech-Industrie (Agrobusiness) noch verstärken. Millionen und aber Millionen von ausgegrenzten Bauern – so Global Forum 92 – werden in Indien, Indonesien, Afrika und Lateinamerika gegen Gentechnologien kämpfen, die ihre Produkte beseitigen, Monokulturen schaffen und damit ihr physisches Überleben bedrohen.[330]

Der Historiker Paul Kennedy glaubt, daß das Eindringen der Automation in der Dritten Welt, zum Beispiel der Aufbau der High-Tech-Enklave Bangalore in Indien, Zweifel aufkommen läßt an der schönen High-Tech-Welt des nächsten Jahrhunderts. Er fragt, »ob ein Land wie Indien die Belastung aushalten kann, auf globalem Niveau konkurrenzfähige High-Tech-Enklaven mitten unter Hunderten von Millionen ... verelendeter Bauern und Tagelöhner aufzubauen«[331].

Der US-amerikanische Wissenschaftler, der durch seine These vom langfristig bevorstehenden Abstieg der Supermacht USA berühmt geworden ist, analysiert die Kluft, die sich in den postindustriellen Ländern zwischen der neuen Schicht der sogenannten Symbol-Analytiker sowie der abrutschenden Mittelschicht und der verarmten Arbeiterschicht auftut, und schlußfolgert: »Wenn die gewaltigen Einkommensunterschiede schon in den USA für Unruhe sorgen, wieviel größer müßte die Auswirkung in Indien sein, wo ein Großteil der Nation noch nicht einmal eine industrielle Revolution durchgemacht hat ...? In Indien würden sich sehr viel größere Unterschiede in Einkommen und Lebensstil ergeben, wie könnte es eine Gesellschaft verkraften, wenige Inseln der Prosperität in einem Meer der Armut zu besitzen?«[332]

Kennedys Befürchtung ist um so berechtigter, wenn man bedenkt, daß – so das UN-Population Crisis Committee – bis zum Jahre 2010 die Zahl der arbeitsfähigen Männer und Frauen in der Dritten Welt um mehr als 700 Millionen anwächst – das sind mehr Arbeitskräfte, als 1990 in allen industrialisierten Ländern der Welt zusammen einen Job hatten.[333]

In den meisten Triade-Ländern hat heute die Massenarbeitslosigkeit durch den Einsatz von Computern und Robotern bereits überdimensionale Formen angenommen. Auch bei uns wächst die Kluft zwischen Arm und Reich, und die Samen für hohe Kriminalitätsraten, Gewalt und Aufruhr sind gesät. Jetzt, da der Sozialstaat rigoros abgebaut wird und Arbeitslose und Jugendliche bald keinen Halt, keine Chance mehr auf Jobs und Selbstverwirklichung haben, jetzt müssen wir beginnen, einen von der Marktwirtschaft unabhängigen Dritten Sektor als eine Art Treibriemen zur zukünftigen Ära der »Post-Marktwirtschaft« zu installieren.[334]

Dieser Dritte Sektor der nicht profitorientierten NGO und anderer sozialer Gruppen muß im Laufe der Dritten Industriellen Revolution wachsen und sich diversifizieren – und das schnell genug, um die stetig wachsende Zahl der von der Markwirtschaft Ausgesetzten auffangen zu können. Wir haben keinen anderen Weg – auch nicht in der Dritten Welt. Der Dritte Sektor muß globalisiert werden. Das ist unsere beste Hoffnung. Wir müssen sie anpacken, diese Chance auf eine funktionierende soziale Wirtschaft mit bezahlten Jobs. Denn eines ist nicht mehr aufzuhaltende Wahrheit: Wir entwickeln uns unerbittlich auf eine beinahe arbeiterlose Welt zu.[335]

Wir befinden uns in der Mitte der Dritten Industriellen Revolution. Viele, die diese High-Tech-Revolution und ihre Folgen befürworten, werfen deren Kritikern Technologiefeindlichkeit vor und beklagen, daß sie den Fortschritt aufhalten, Forschung und Technologieerneuerung blockieren wollten.

Das ist logisch, wenn man sich nur um Shareholder Value und nicht um Arbeitsplätze sorgt. Doch in ihrer Profitgier ignorieren diese Job-Kannibalen, daß Leben und Schicksale von Millionen und aber Millionen Menschen durch beschleunigte Automatisierung zerstört werden. Eine High-Tech-Gesellschaft, an deren Fortschritt und Wohlergehen in 20 bis 40 Jahren nur 20 Prozent, nämlich die egomanischen Symbol-Analytiker, teilhaben, ist vom allgemein-menschlichen Standpunkt nicht akzeptabel. Dabei wird die an den Rand gedrängte Mehrheit durch eine kleine, rein profitorientierte Wirtschaftselite auch noch ungeheuerlich verunglimpft. Dagegen müssen wir uns wehren. Was prädestiniert denn diese selbstdefinierte Elite zu solch einer Weichenstellung, die uns alle aufs falsche Gleis schickt?

Manager besitzen selten Kenntnisse über die Forschung in den Natur- oder Ingenieurwissenschaften, dennoch dominieren und manipulieren sie deren Anwendung, nämlich die Technologieerneuerung. Das ist ein gefährlicher Widerspruch in sich.[336]

Ein Beispiel soll das erklären: Die Genforschung soll in den mikrobiologischen und biochemischen Forschungslabors der Universitäten und der Industrie selbstverständlich vorangehen und nach Beseitigung von Risiken und Nebenwirkungen auch angewandt werden, wenn sie zum Wohle der Menschen und ihrer Umwelt beiträgt. Doch wollen die Wirtschaftseliten die Zeit für das Ausmerzen negativer Folgen nicht abwarten. Sie wollen die Forschungs- und Entwicklungsergebnisse schnell »freisetzen«, sofort in Gentechnologie, das heißt in bare Münze umwandeln. Das Wohl der Menschen interessiert sie dabei nicht.[337] Auch deshalb müssen Forschung und Technologieerneuerung aus den Händen der Manager gerissen werden.

Amerikanische, japanische und deutsche transnationale Konzerne (unter anderen der deutsche Chemiekonzern Hoechst, der US-Chemiekonzern Monsanto und der japanische Multi-Techno-logiekonzern Mitsubishi) nahmen 1993/94 »Freilandversuche« mit genmanipulierten Mais-, Kartoffel-, Tomaten- und Rapspflanzen vor. Dabei sollte der Eingriff ins Erbgut durch ein »Resistenzgen« (»Robustheitsfaktor«) diese Pflanzen vor dem zum Beispiel von Hoechst selbst hergestellten Totalherbizid »Basta« schützen. Letzteres ist eine hochprozentige Unkrautvernichtungs-Giftbrühe, die – ohne den Gentrick – mit dem Unkraut auch die Pflanzen verbrennen würde.[338]

Der Ökologe Ernst Ulrich von Weizsäcker, Präsident des »Wuppertal-Instituts für Klima, Umwelt, Energie«, warnt davor, daß solche äußerst robusten Gentech-Pflanzen sich

»explosionsartig ausbreiten« und weniger resistenzfähige einheimische Arten völlig verdrängen können. »Wenn Robustheitsfaktoren in die Planzen hineinmanipuliert werden, entsteht weltweit ganz schnell eine Art von Monokultur.« Jeder Erfolg einer robusten Gentechsorte bedeute »die Niederlage, den Verlust von 10 oder 20 anderen Optionen: Die Gefahr der Gentechnik liegt weniger in ihren Unfällen und Mißerfolgen als in ihrem flächendeckenden Erfolg.«[339]

Deshalb versuchen von Weizsäcker und andere Umweltforscher, die Gefahren für Ökosysteme durch freigesetzte genmanipulierte Organismen zu begrenzen. Sie wollen das in Rio de Janeiro 1992 unterzeichnete Konventionspapier zur Rettung der Artenvielfalt durch ein »Biosafety Protocol« ergänzen, um zu verhindern, daß genmanipulierte, resistenzfähige Pflanzen einheimische Arten verdrängen und den Erdball mit Monokulturen überziehen.[340]

Die vorzeitig »freigesetzte« Atomreaktortechnologie birgt ähnliche Gefahren in sich: Die Langzeitfolgen von Tschernobyl, Sellafield und Harrisburg sind nicht absehbar, und das Problem der Entsorgung von Atommüll (Nuklearwaffen eingeschlossen) ist generell ungelöst. Auch deshalb müssen Technologieerneuerung und globaler Wettbewerb – besonders in den sogenannten Zukunftsindustrien – gebremst werden.

Wir müssen die quicken Turbo-Manager, die vier Fünftel der Menschen mit altbackenem Brot und dümmlichen Spielen abspeisen wollen und die Artenvielfalt durch genmanipulierte Monokulturen bedrohen, endlich zum Stempeln schicken, wir müssen sie für ihr Tun haftbar machen, sie müssen abgesetzt, abgewählt, entlassen werden. Dazu müssen wir mit unseren neuen Institutionen wie Ökoräten, Betriebsräten, NGO sowie durch Volksentscheide und zivilen Ungehorsam in die Entscheidungsmonopole hineinwirken oder diese von außen kontrollieren.

Die Mehrheit, das Volk, die Gesellschaft ist jetzt gefordert, gegen das rücksichtslose wettbewerbsbesessene Treiben der Wirtschaftseliten ethische Grundsätze zu formulieren, Verantwortung für das Ganze zu tragen, eine überlebensfähige Zukunft für die kommenden Generationen zu sichern. Die Gesellschaft muß die genannten, vor allem weisungsbefugten Institutionen ermächtigen, der Alleinherrschaft der Manager und dem Wirken des Marktes Grenzen zu setzen. Es muß – im Sinne von Ulrich Beck – ein Katalog gesetzeskräftiger Vorschriften erlassen werden, die zum Beispiel auf nationaler und EU-Ebene bei Nichtbefolgung harte Strafen gegen die Manageroligarchie nach sich ziehen.[341]

Das müssen wir tun, wenn unsere Zivilisation die Auswirkungen der Dritten Industriellen Revolution überleben soll. Die Politik, die Parteien werden uns dabei kaum helfen (können), sie sind schon heute zu ohnmächtig, und viele von ihnen sind zu Werkzeugen der Wirtschaft geworden, wie nicht zuletzt Bill Clinton demonstriert.

Wenn wir indessen dieser Herausforderung des Turbokapitalismus jetzt begegnen, könnte es gelingen, in den ersten Dekaden des 21. Jahrhunderts rechtzeitig eine Post-Marktwirtschafts-Ära einzuleiten, in der der Dritte Sektor, die soziale Wirtschaft, das Hauptbeschäftigungs- und Verwirklichungsfeld der Menschen sein wird. Die Marktwirtschaft wird dann noch immer notwendig sein, doch das wesentliche Arbeitsleben der Menschen wird sich in den NGO abspielen und nicht mehr in den TNK.

Die Globalisierungsgewinner müssen durch konsequente Besteuerung auf das Gemeinwohl, auf das Funktionieren eines Dritten Sektors verpflichtet werden. Eine steuerfinanzierte Mitwirkung der aus dem Ersten Sektor Freigesetzten im Dritten Sektor liefe auf eine Kombination von Erwerbsarbeit der wenigen (Symbol-Analytiker) und die genauso wichtige, ja letztlich für erstere die Grundlage schaffende

Sozialarbeit der vielen hinaus. Sollte es uns aber nicht gelingen, die Fähigkeiten, die Talente, die Energie, den Arbeitswillen, den Einfallsreichtum von Hunderten von Millionen Menschen, die mit tödlicher Sicherheit aus dem Ersten Sektor ausgegrenzt werden, zu konstruktiver Arbeit in den Dritten Sektor umzuleiten, dann wird unsere Zivilisation unweigerlich durch Rechtlosigkeit, Gewalt, Diebstahl, Armut, Tittytainment und schließlich wohl Bürgerkrieg zerfallen. Da es dann für niemanden so leicht möglich sein wird, zu einem »normalen Leben« zurückzukehren, sitzen wir alle längst in einem Boot. Deshalb müssen wir als die vernünftige Mehrheit vorher eine Alternative zur klassischen Erwerbsarbeit in der Marktwirtschaft finden.

Das Ende der alten Arbeit könnte »das Todesurteil für die Massen und für unsere Zivilisation« bedeuten. Aber es könnte auch ein Signal sein für den Anfang einer umfassenden sozialen Wandlung, einer Wiedergeburt menschlicher Werte. Es könnte der menschlichen Arbeit wieder einen Sinn geben, den sie verdient, der ihr durch das fremdbestimmte Arbeiten in der Marktwirtschaft entrissen worden war. Wir könnten uns mit unserer Arbeit wieder identifizieren, uns in ihr wieder selbstverwirklichen.[342] Wir sind das Volk. Wir sind der Souverän des Staates, der Souverän der Gesellschaft. Wir müssen die Globalisierungslügen (»Das ist eine globale Entwicklung«, »die ist vernünftig«, »damit muß man sich abfinden«) nicht hinnehmen, im Gegenteil: Wir können Bedingungen schaffen, die uns »*selbst* in die Lage versetzen ... konkrete Möglichkeiten eines besseren und weniger gefährdeten Lebens nach *eigenen* Bedürfnissen und Einsichten aus *eigener* Initiative zu verwirklichen«[343].

Pierre Bourdieu betonte, daß der »Widerstand gegen die konservative Reaktion« auf europäischer Ebene organisiert werden müsse: »Die himmelschreienden Lücken beim Aufbau Europas betreffen vor allem vier Bereiche: den Sozialstaat und seine Aufgaben; die Vereinigung der Gewerkschaften; eine Angleichung und Modernisierung der Erziehungssysteme sowie die Verknüpfung von Wirtschafts- und Sozialpolitik.«[344] Würden »die gesellschaftlichen Folgen wirtschaftlicher Gewalt« berücksichtigt, wie Bourdieu fordert, zeigte sich, wie wichtig es ist, daß soziale Selbsthilfe und politische Selbstorganisation in NGO ökonomisches, organisatorisches und politisches Gewicht erlangen, daß in den Dritten Sektor investiert und dadurch die bisherige Marktwirtschafts-Demokratie tatsächlich demokratisiert wird. Die soziale Arbeit außerhalb des Ersten Sektors schafft, wenn sie gesellschaftlich aufgewertet, belohnt und mit der Erwerbsarbeit gleichgestellt wird, zweifellos Identität und Selbstverwirklichung.

»Kann eine solche Jahrhundertreform überhaupt in einem einzigen Land begonnen werden?« fragt Ulrich Beck. Und er antwortet: »Wenn die vorgetragene Grunddiagnose stimmt – Kapitalismus wird und macht arbeitslos –, dann handelt es sich um eine globale Herausforderung, vor der alle hochentwickelten Gesellschaften früher oder später stehen. Dasjenige Land aber, das auf diese Frage zuerst eine praktische Antwort entwickelt, wird langfristig in jeder Hinsicht (auch wirtschaftlich) die Nase vorn haben.«[345]

Anmerkungen

1 Vgl. Hans-Peter Martin/Harald Schumann, Die Globalisierungsfalle. Der Angriff auf Demokratie und Wohlstand. Reinbek: Rowohlt Verlag, 1996, S. 12.

2 Vgl. Keith W. Hoskin/Richard H. Macve, The Genesis of Accountability: The West Point Connections. In: ACCOUNTING ORGANISATIONS AND SOCIETY, Bd. 13, Nr. 1, 1988, S. 37–73.

3 Ebenda, S. 45 f.

4 Ebenda, S. 48 f.

5 Ebenda.

6 Christopher Lasch, Das Zeitalter des Narzißmus. Hamburg: Hoffmann und Campe, 1995, S. 326 f.

7 John Kenneth Galbraith, Die moderne Industriegesellschaft. München, Zürich: Droemer Knaur, 1968, S. 29 sowie S. 76–88.

8 James Burnham, The Managerial Revolution. Original Edition: New York: Hartcourt, Brace, 1941, New Edition 1968, S. 82–84.

9 Paul A. Baran/Paul M. Sweezy, Monopoly Capital. New York: Modern Reader Paperbacks, 1968, S. 33–37; Galbraith, The New Industrial State. New York: Signet Books, 1968, S. 108 f.; Lasch, Das Zeitalter des Narzißmus, S. 326 f.

10 Baran/Sweezy, Monopoly Capital, S. 34–35.

11 John A. Garraty, The Great Depression: 1929–1939. In: American Nation. New York: Harper & Row, 1966, S. 724 f.

12 Ebenda.

13 Jeremy Rifkin, The End of Work. New York: Putnam's Sons, 1995, S. 53.

14 William Akin: »... to make decisions governing production and distribution of goods and services with the aim of assuring maximum efficient use of natural, human, and machine capital.« (Technocracy and the American Dream: The Technocrat Movement. Berkeley: University of California Press, 1977, S. 139 f.)

15 Ebenda, S. 139 f.; Rifkin, The End of Work, S. 54.

16 Garraty, The Great Depression: 1929–1939, S. 731.

17 Ebenda, S. 739 f.

18 »... but I could not grasp the rigmarole of figures with which he deluged me.« (Ebenda, S. 740.)

19 Ebenda.

20 Ebenda, S. 740f.

21 Ebenda S. 742f.

22 Ferdinand Lundberg, The Rich and The Super-Rich. New York: Bantam Books, 1969, S. 268–275; Burnham, The Managerial Revolution, S. 96f.

23 Lundberg, The Rich and The Super-Rich, S. 268-275; Baran/Sweezy, Monopoly Capital, S. 35–38; Burnham, The Managerial Revolution, S. 96.

24 Jürgen Gaulke, Der Klub der Kontrolleure. Das Versagen der deutschen Aufsichtsräte. Hamburg: Hoffmann und Campe, 1996, S. 235.

25 Ebenda, S. 235f.

26 Lord Bullock et alii: Report of the Committee of Inquiry on Industrial Democracy. London 1977, S. 128–132f.

27 Gaulke, Der Klub der Kontrolleure, S. 11.

28 Zitate nach Gaulke, Der Klub der Kontrolleure, S. 9f.

29 Rüdiger Liedtke, Wem gehört die Republik? Die Konzerne und ihre Verflechtungen. Namen, Zahlen, Fakten. '98. Frankfurt/M.: Eichborn, 1997.

30 Gaulke, Der Klub der Kontrolleure, S. 13.

31 Gerhard Leminsky/Bernd Otto, Politik und Programmatik des Deutschen Gewerkschaftsbundes. Köln: Bund-Verlag, 1974, S. 132-133.

32 Vgl. Liedtke, Wem gehört die Republik?, DER SPIEGEL, Nr. 14, 1997.

33 Vgl. Manfred Pohl/Angelika Raab-Rebentisch, Calendarium Deutsche Bank 1870–1997. München: Piper, 1997, S. 119.

34 Vgl. dazu Liedtke, Wem gehört die Republik?, S. 159.

35 Ebenda.

36 Zitiert nach: DIE ZEIT, 26. Dezember 1997.

37 Liedtke, Wem gehört die Republik?, S. 165.

38 Vgl. ebenda.

39 Gaulke, Der Klub der Kontrolleure, S. 12f.

40 Galbraith, The New Industrial State, S. 108f.

41 Milton Friedman, Capitalism and Freedom. Chicago: The University of Chicago Press, 1962, S. 133; zitiert nach: Galbraith, Die moderne Industriegesellschaft, S. 133.

42 Arbeitsgruppe Alternative Wirtschaftspolitik, Wirtschaftsmacht in der Marktwirtschaft. Zur ökonomischen Konzentration in der Bundesrepublik. Köln: Pahl-Rugenstein, 1988, S. 14f.

43 Ebenda; Liedtke, Wem gehört die Republik?, S. 493f.

44 Arbeitsgruppe Alternative Wirtschaftspolitik, S. 15.

45 Ebenda, S. 15f.; Liedtke, Wem gehört die Republik?, S. 144f.

46 WALL STREET JOURNAL, 2. November 1989; in der deutschen Presse wurde darüber mehrfach berichtet, z.B. DER SPIEGEL, Nr. 42, 1989; DER SPIEGEL, Nr. 12, 1997.

47 WALL STREET JOURNAL, 2. November 1989.
48 WALL STREET JOURNAL, 2. November 1989; DER SPIEGEL, Nr. 42, 1989.
49 WALL STREET JOURNAL, 2. November 1989.
50 George Gilder, Wealth and Poverty. New York 1981, S. 41–43, S. 112f.
51 Ebenda, S. 112f.
52 NEW YORK TIMES, 12. März 1988.
53 Gilder, Wealth and Poverty, S. 115 f.; 148f.
54 Ebenda.
55 NEW YORK TIMES, 6. März 1992.
56 Ebenda.
57 TIME, 28. August 1989.
58 TIME, 22. April 1991.
59 Ebenda.
60 Ebenda.
61 NEW YORK TIMES, 6. März 1992.
62 GUARDIAN, 22. August 1989; TIME, 28. August 1989.
63 GUARDIAN, 22. August 1989; TIME, 28. August 1989.
64 Ebenda.
65 WALL STREET JOURNAL, 29. Mai 1992; DER SPIEGEL, Nr. 24, 1992; FORBES , Nr. 5, 1992.
66 DER SPIEGEL, Nr. 12, 1997.
67 EBENDA.
68 Ebenda; NEW YORK TIMES, 14. März 1997.
69 BUSINESS WEEK, 23. April 1997; DER SPIEGEL, Nr. 18, 1997.
70 Ebenda; NEW YORK TIMES, 16. April 1997.
71 Vgl. ebenda; DER SPIEGEL, Nr. 15, 1997.
72 Zitiert nach DER SPIEGEL, Nr. 18, 1997.
73 DER SPIEGEL, Nr. 29, 1997.
74 BERLINER ZEITUNG, 31. Dezember 1997.
75 Galbraith, The New Industrial State, S. 159 f., S. 208f.
76 DER SPIEGEL, Nr. 24, 1992.
77 James Burnham, The Managerial Revolution. Original Edition: Hartcourt, Brace: New York, 1941, New Edition 1968, S. 82–83.
78 Lasch, Das Zeitalter des Narzißmus, S. 327f.
79 Lester C. Thurow, The Future of Capitalism. Morrow: New York, 1996, S. 180; deutsche Übersetzung: Die Zukunft des Kapitalismus. Metropolitan Verlag: Düsseldorf, München, 1996; Martin/Schumann, Die Globalisierungsfalle, S. 187.
80 NEW YORK TIMES, 24. April 1994.

81 Vgl. Robert B. Reich, The Work of Nations. Alfred A. Knopf, Inc.: New York, 1991; deutsche Übersetzung: Die neue Weltwirtschaft. Das Ende der nationalen Ökonomie. Fischer: Frankfurt/M., 1996, S. 227–229; Die Gruppe von Lissabon. Grenzen des Wettbewerbs. Die Globalisierung der Wirtschaft und die Zukunft der Menschheit. Luchterhand: München, 1997, S. 172.

82 Vgl. NEW YORK TIMES, 3. September 1995; DER SPIEGEL, Nr. 18, 1997, S. 100; Reich, Die neue Weltwirtschaft, S. 228f.

83 NEW YORK TIMES, 1. November 1995.

84 Ebenda.

85 Umverteilung von unten nach oben; Eine Analyse von Professor Norbert Reuter, TU Aachen. In: FRANKFURTER RUNDSCHAU, 23. Juli 1997.

86 Die Gruppe von Lissabon, Grenzen des Wettbewerbs, S. 99.

87 Die Internationalisierung der deutschen Wirtschaft konzentriert sich auf die europäischen Nachbarländer. Ulrich Dolata über die Standort-Inszenierung. In: FRANKFURTER RUNDSCHAU, 30. Januar 1997.

88 Ebenda.

89 FRANKFURTER ALLGEMEINE ZEITUNG, 12. Juni 1996; DIE TAGESZEITUNG, 10. Juni 1996.

90 DPA-Meldung, 1. April 1997, HAMBURGER MORGENPOST, 3. April 1997.

91 DPA-Meldung, 3. April 1997; HAMBURGER MORGENPOST, 3. April 1997.

92 Ebenda.

93 Ebenda.

94 DIE TAGESZEITUNG, 10. Juni 1996; DPA-Meldung, 9. Juni 1996.

95 Ebenda.

96 Die Gruppe von Lissabon, Grenzen des Wettbewerbs, S. 110–112.

97 Ebenda, S. 109.

98 Ebenda; vgl. auch Die Internationalisierung der deutschen Wirtschaft konzentriert sich auf die europäischen Nachbarländer ... In: FRANKFURTER RUNDSCHAU, 30. Januar 1997.

99 Thurow, Die Zukunft des Kapitalismus, S. 176f.

100 NEW YORK TIMES, 26. Februar 1994.

101 Vgl. Die Gruppe von Lissabon, Grenzen des Wettbewerbs, S. 110f.; Thurow, Die Zukunft des Kapitalismus, S. 178–185; Worldwatch Institute Report, State of the World 1997. Norton Company: New York, 1997, S. 68–74.

102 Vgl. dazu Die Gruppe von Lissabon, Grenzen des Wettbewerbs, S. 112; Worldwatch Institute Report, State of the World 1997, S. 70–74.

103 IFO-Schnelldienst, 30/1996; Die Internationalisierung der deutschen Wirtschaft konzentriert sich auf die europäischen Nachbarländer ... In: FRANKFURTER RUNDSCHAU, 30. Januar 1997.

104 Vgl. ebenda.

105 Zitiert nach STERN, NR. 46, 1995.

106 BERLINER ZEITUNG, 13. Januar 1998.

107 Vgl. IFO-Schnelldienst, 30/1996; Die Internationalisierung der deutschen Wirtschaft konzentriert sich auf die europäischen Nachbarländer ... In: FRANKFURTER RUNDSCHAU, 30. Januar 1997.

108 Vgl. Die Gruppe von Lissabon, Die Grenzen des Wettbewerbs, S. 110–112; Die Internationalisierung der deutschen Wirtschaft konzentriert sich auf die europäischen Nachbarländer ... In: FRANKFURTER RUNDSCHAU, 30. Januar 1997.

109 Die Internationalisierung der deutschen Wirtschaft konzentriert sich auf die europäischen Nachbarländer ... In: FRANKFURTER RUNDSCHAU, 30. Januar 1997.

110 Vgl. Die Gruppe von Lissabon, Die Grenzen des Wettbewerbs, S. 110–112; Die Internationalisierung der deutschen Wirtschaft konzentriert sich auf die europäischen Nachbarländer ... In: FRANKFURTER RUNDSCHAU, 30. Januar 1997.

111 Vgl. Edward Luttwak, Weltwirtschaftskrieg. Export als Waffe. Aus Partnern werden Gegner. Hamburg1994, S. 37; Elmar Altvater/Oskar Negt u.a., Turbo-Kapitalismus. Gesellschaft im Übergang zum 21. Jahrhundert. VSA: Hamburg, 1997, S. 7–12, S. 70f.

112 Vgl. dazu Benjamin R. Barber, Coca Cola und Heiliger Krieg. Wie Kapitalismus und Fundamentalismus Demokratie und Freiheit abschaffen. Scherz: München, 1996, S. 89f.

113 Francis Fukuyama, The End of History. Free Press: New York, 1992, S. 126–128.

114 Vgl. WELT AM SONNTAG, 25. Juni 1996.

115 NEW YORK TIMES, 12. Februar 1997.

116 Vgl. DIE WOCHE, 9. Juli 1997.

117 Archiv DER SPIEGEL.

118 THE INDEPENDENT, 24. April 1997.

119 DER SPIEGEL, NR. 17, 1997, S. 27–35; THE INDEPENDENT, 24. April 1997.

120 DER SPIEGEL, NR. 17, 1997, S. 27.

121 THE INDEPENDENT, 24. April 1997.

122 Ebenda.

123 THE INDEPENDENT, 16. Juni 1996.

124 Vgl. dazu Rifkin, The End of Work, S. 182–184, S. 292.

125 Vgl. Martin/Schumann, Die Globalisierungsfalle, S. 12–14; sowie Rifkin, The End of Work, S. 182f., S. 292; Reich, Die neue Weltwirtschaft, S. 316f.

126 Vgl. Martin/Schumann, Die Globalisierungsfalle, S. 12–14.

127 Ebenda, S. 13.

128 Zitiert nach: Verena Metze-Mangold, Auf Leben und Tod. Die Macht der Gewalt in den Medien. Aufbau Taschenbuch Verlag: Berlin, 1997, S. 93.

129 Noam Chomsky/Heinz Dieterich, Globalisierung im Cyberspace. Globale Gesellschaft. Horlemann: Unkel, 1996, S. 163.

130 Martin/Schumann, Die Globalisierungsfalle, S. 13 .

131 Rifkin, The End of Work, S. 11–14.

132 Jacques Attali, Millennium: Winners and Losers in the Coming World Order. New York, 1991, S. 101f.

133 Vgl. Rifkin, The End of Work, S. 11–14, S. 180f.; Attali, Millennium: Winners and Losers in the Coming World Order, S. 102–105.

134 Price of Progress: Re-engineering Gives Firms New Efficiency. Workers the Pink Slip. In: WALL STREET JOURNAL, 16. März 1993, S. 1.

135 Ebenda.

136 Peter F. Drucker, Post-Capitalist Society. New York: Harper Collins, 1993, S. 68f., S. 125f.

137 Ebenda, S. 68f.

138 Ebenda, S. 68f., S. 124f.

139 Thurow, Die Zukunft des Kapitalismus, S. 169.

140 Ebenda, S. 169f.

141 Ebenda, S. 187.

142 Ebenda, S. 189.

143 ARD–Nachrichten vom 22. Mai 1997, 20 Uhr.

144 Thurow, Die Zukunft des Kapitalismus, S. 191.

145 Vgl. dazu Die Gruppe von Lissabon, Grenzen des Wettbewerbs, S. 98f.; Reich, Die neue Weltwirtschaft, S. 232; Thurow, Die Zukunft des Kapitalismus, S. 192f.

146 Chomsky/Dieterich, Globalisierung im Cyberspace, S. 145.

147 Ebenda.

148 NEW YORK TIMES, 13. Juni 1996.

149 Vgl. dazu DER SPIEGEL, NR. 12, 1997.

150 DER SPIEGEL, 26. Juni 1996.

151 Martin/Schumann, Die Globalisierungsfalle, S. 182.

152 WALL STREET JOURNAL, 10. März 1996.

153 DER SPIEGEL, NR. 12, 1997, WALL STREET JOURNAL, 10. März 1996.

154 DER SPIEGEL, NR. 12, 1997.

155 Vgl. DER SPIEGEL, NR. 12, 1997.

156 THE ECCONOMIST, 13. Juli 1996.

157 Vgl. Richard J. Barnet/J. Cavanagh, Global Dreams: Imperial Corporations and the New World Order. New York, 1994, S. 84 f.; Die Gruppe von Lissabon, Grenzen des Wettbewerbs, S. 136.

158 Vgl. Die Gruppe von Lissabon, Grenzen des Wettbewerbs, S. 136.

159 NEW YORK TIMES, 27. Juni 1996.

160 NEW YORK TIMES, 17. Juli 1996.

161 Robert B. Reich, Locked in the Cabinet. New York 1997, S. 7f.

162 NEW YORK TIMES, 17. Juli 1996.

163 Ebenda.

164 Martin/Schumann, Die Globalisierungsfalle, S. 215.

165 Vgl. dazu FRANKFURTER RUNDSCHAU, 16. Juli 1996.

166 Martin/Schumann, Die Globalisierungsfalle, S. 216.

167 Rolf Dietrich Schwartz, Kapitalismus ohne Netz. Was hält die Gesellschaft noch zusammen? Aufbau Taschenbuch Verlag: Berlin, 1996, S. 44.

168 Vgl. DER SPIEGEL, NR. 26, 1996.

169 WSI-MITTEILUNGEN, 11/1995; FRANKFURTER RUNDSCHAU, 16. Juli 1996.

170 FRANKFURTER RUNDSCHAU, 16. Juli 1996; Rolf Dietrich Schwartz, Kapitalismus ohne Netz, S. 72.

171 HANDELSBLATT, 19. Juli 1996.

172 Martin/Schumann, Die Globalisierungsfalle, S. 267.

173 Zitiert nach Schwartz, Kapitalismus ohne Netz, S. 73.

174 Vgl. ebenda.

175 NEW YORK TIMES, 12. Juni 1996.

176 United Nations Conference on Trade and Development (UNCTAD), World Investment Report 1995. New York/Genf; vgl. dazu auch Die Gruppe von Lissabon, Grenzen des Wettbewerbs, S. 113–118; Chomsky/Dieterich, Globalisierung im Cyberspace, S. 68f.

177 Christopher Lasch, Die blinde Elite. Macht ohne Verantwortung. Hamburg: Hoffmann und Campe, 1995, S. 13–15.

178 Reich, Die neue Weltwirtschaft, S. 301.

179 Ebenda, S. 302.

180 Ebenda, S. 310.

181 Zitiert nach Schwartz, Kapitalismus ohne Netz, S. 36f.

182 Ebenda, S. 38.

183 Ebenda, S. 38f.

184 Vgl. Michel Albert, Kapitalismus contra Kapitalismus. Campus: Frankfurt/M., 1992, S. 116f.

185 Zitiert nach Schwartz, Kapitalismus ohne Netz, S. 39.

186 Vgl. Chomsky/Dieterich, Globalisierung im Cyberspace, S. 129f.

187 Vgl. Die Gruppe von Lissabon, Grenzen des Wettbewerbs, S. 113f.

188 Ethan B. Kapstein, Workers and the World Economy. In: FOREIGN AFFAIRS, Council on Foreign Relations, Mai 1996, S. 18.

189 Vgl. Paul Krugman, Competitiveness: A Dangerous Obsession. In: Foreign Affairs, Bd. 73, Nr. 2, März–April 1994, S. 28–44.

190 Ebenda, S. 30f.

191 Die Gruppe von Lissabon, Grenzen des Wettbewerbs, S. 120f.

192 Ebenda, S. 132f.

193 Vgl. ebenda.

194 Robert Reich, Die neue Weltwirtschaft, S. 355–363.

195 Adam Smith, The Wealth of Nations. Chicago: Henry Regnery Company, 967, S. 51f., S. 83f.

196 Joseph A. Schumpeter, Capitalism, Socialism and Democracy. New York: Harper Torchbooks, Third Edition, 1962, S. 83f.

197 Ernst Ulrich von Weizsäcker/Amory und L. Hunter Lovins, FAKTOR VIER. Doppelter Wohlstand – halbierter Naturverbrauch. Der neue Bericht an den CLUB OF ROME. München: Droemer Knaur, 1966, S. 320–323.

198 Vgl. ebenda, S. 321f.

199 Richard D'Aveni, Hypercompetition. New York: Free Press, 1994, S. 96f., S. 112f.

200 Ebenda; siehe auch William Pfaff, When Global Competition Means Regression at Home. In: INTERNATIONAL HERALD TRIBUNE, 18. Februar 1993.

201 Vgl. Ernst Ulrich von Weizsäcker / Amory und L. Hunter Lovins, FAKTOR VIER, S. 326.

202 Vgl. ebenda, S. 326f.

203 Vgl. dazu Irenäus Eibl-Eibesfeldt, Aggression. Der Wille zum Frieden entspricht unserer biologischen Motivationsstruktur. In: BEITRÄGE ZUR KONFLIKTFORSCHUNG, Heft 4, 1988, S. 17–35; Ernst Ulrich von Weizsäcker/Amory und L. Hunter Lovins, FAKTOR VIER, S. 326f.; Theodor Ebert, Gewaltfreier Aufstand. Waldkirchner Verlagsgesellschaft, 1983, S. 25–36; S. 46–50; Theodore Roszak, The Making of a Counter Culture. Doubleday 1969, S. 205f., S. 226f.

204 Vgl. Eibl-Eibesfeldt, Aggression. In: Beiträge zur Konfliktforschung, Heft 4, 1988, S. 17–35; Ernst Ulrich von Weizsäcker/Amory und L. Hunter Lovins, FAKTOR VIER, S. 326 f.; Ebert, Gewaltfreier Aufstand, S. 25–36; S. 46–50; Roszak, The Making of a Counter Culture, S. 205f., S. 226f.

205 WORLDWATCH INSTITUTE REPORT, Zur Lage der Welt 1997. Daten für das Überleben unseres Planeten. Frankfurt/M.: Fischer Verlag, 1997, S. 11f.

206 Vgl. ebenda, S. 11–17; New York Times, 26. Februar 1994.

207 Vgl. WORLDWATCH INSTITUTE REPORT, Zur Lage der Welt 1997, S. 11–17; S. 19–24, S. 157–161.

208 Ebenda, S. 11f., Jürgen Bruhn, Ökoreport 2000. Wege aus der Umwelt-Katastrophe. Stuttgart: Weitbrecht Verlag, 1994, S. 37f.

209 DPA-Meldung, 26. September 1997.

210 Vgl. WORLDWATCH INSTITUTE REPORT, Zur Lage der Welt 1997.

211 Vgl. Club of Rome, Die Herausforderung des Wachstums. Frankfurt/M.,: Fischer Verlag, 1990, S. 62–72.

212 Vgl. Donella und Dennis Meadows/Jorgen Randers, Die neuen Grenzen des Wachstums. Reinbek: Rowohlt, 1993, S. 35ff.

213 Karl Georg Zinn, Die Selbstzerstörung der Wachstumsgesellschaft. Hamburg 1980, S. 17.

214 Al Gore, Earth in the Balance. New York: Houghton Mifflin, 1992, S. 295–298.

215 Die Gruppe von Lissabon, Grenzen des Wettbewerbs, S. 179.

216 Vgl. Richard J. Barnet/J. Cavanagh, Global Dreams ..., S. 82f.

217 Vgl. Die Gruppe von Lissabon, Grenzen des Wettbewerbs, S. 182 bis 187.

218 Pierre Bourdieu, Die fortschrittlichen Kräfte. In: Perspektiven des Protests. Hamburg: VSA-Verlag, 1997, S. 13–26.

219 Die Internationalisierung der deutschen Wirtschaft konzentriert sich auf die europäischen Nachbarländer ... In: FRANKFURTER RUNDSCHAU, 30. Januar 1997.

220 Vgl. Bourdieu, Die fortschrittlichen Kräfte. In: Perspektiven des Protests, S. 13–26.

221 Wallace Katz, Die Struktur der Globalisierung. In: ÄSTHETIK & KOMMUNIKATION, Nr. 98, 28. Jahrgang, September 1997, S. 63.

222 Ebenda.

223 Vgl. Bourdieu, Die fortschrittlichen Kräfte. In: Perspektiven des Protests, S. 13–26.

224 Vgl. ebenda.

225 Vgl. Viviane Forrester, Der Terror der Ökonomie. Wien: Zsolnay, 1997, S. 59f.; Bourdieu, Die fortschrittlichen Kräfte. In: Perspektiven des Protests, S. 13–26.

226 Vgl. Die Gruppe von Lissabon, Grenzen des Wettbewerbs, S. 121; Barnet/Cavanagh, Global Dreams ..., S. 88f.

227 Edward Luttwak, Turbo-Charged Capitalism and Its Consequences. In: THE LONDON REVIEW OF BOOKS, 2. November 1995.

228 Vgl. WORLDWATCH INSTITUTE REPORT, Zur Lage der Welt 1997, S. 12–15, S. 107–116; Die Gruppe von Lissabon, Grenzen des Wettbewerbs, S. 116.

229 Peter F. Drucker, Post-Capitalist Society, S. 256f.; vgl. auch Rifkin, The End of Work, S. 205, S. 272f.; Reich, Die neue Weltwirtschaft, S. 309.

230 Vgl. Rifkin, The End of Work, S. 13f., S. 272; Ulrich Beck, Kapitalismus ohne Arbeit. In: DER SPIEGEL, NR. 20, 1996.

231 Vgl. Rifkin, The End of Work, S. 13f., S. 272.

232 André Gorz, Kritik der Ökonomischen Vernunft. Sinnfragen am Ende der Arbeitsgesellschaft. Berlin: Rotbuch Verlag, 1991, S. 331 f.

233 Vgl. Rifkin, The End of Work, S. 13 f.

234 Ebenda, S. 217.

235 DPA-Meldung, 14. Oktober 1993.

236 Vgl. Europeans Ponder Working Less So More of them Can Have Jobs. In: NEW YORK TIMES, 22. November 1993.

237 DPA-Meldung, 9. April 1997; FRANKFURTER RUNDSCHAU, 11. April 1997.

238 DPA-Meldung, 9. April 1997; FRANKFURTER RUNDSCHAU, 11. April 1997.

239 DPA-Meldung, 9. April 1997; FRANKFURTER RUNDSCHAU, 11. April 1997.

240 DPA-Meldung, 9. April 1997; FRANKFURTER RUNDSCHAU, 11. April 1997.

241 Ulrich Beck, Kapitalismus ohne Arbeit. In: DER SPIEGEL, NR. 20, 1996.

242 Rifkin, The End of Work, S. 246–249; Reich, Die neue Weltwirtschaft, S. 325, S. 337.

243 Rifkin, The End of Work, S. 325 f.

244 Reich, Die neue Weltwirtschaft, S. 316.

245 Ebenda, S. 325.

246 Ebenda, S. 327.

247 Ebenda, S. 326.

248 Rifkin, The End of Work, S. 260 f.

249 Zitiert nach ebenda, S. 269.

250 Ebenda.

251 Ebenda, S. 272.

252 Vgl. Beck, Kapitalismus ohne Arbeit. In: DER SPIEGEL, NR. 20, 1996.

253 Ulrich Beck, Die blaue Blume der Moderne. In: DER SPIEGEL, NR. 33, 1991 (SPIEGEL-Essay).

254 Vgl. ebenda, Bruhn, Ökoreport 2000, S. 181 f.

255 Beck, Die blaue Blume der Moderne. In: DER SPIEGEL, NR. 33, 1991.

256 Ebenda.

257 Ebenda.

258 Ebenda.

259 Ebenda.

260 Vgl. Bruhn, Ökoreport 2000, S. 85, S. 185 f.

261 Der Kühlschrank-Krimi. In: GREENPEACE MAGAZIN, Juni 1993, S. 12 f.

262 INTERNATIONAL HERALD TRIBUNE, 4. Februar 1994.

263 Ebenda; NEWSWEEK, 25. Oktober 1993, S. 36f.

264 Worldwatch Institute, Report on Progress Toward a Sustainable Society. New York 1993, S. 193.

265 Ebenda, S. 194.

266 Ernst Ulrich von Weizsäcker/Amory und L. Hunter Lovins, FAKTOR VIER, S. 218f.

267 Worldwatch Institute, Jenseits des Öl- und Petroleumzeitalters. In: SAVING THE PLANET, 1991, S. 48–63.

268 Ebenda.

269 Vorlage der Sonnenstromkraftwerksstudie am 13. November 1986 in Stuttgart (Kopie im Besitz des Autors).

270 Ebenda.

271 Worldwatch Institute, Report on Progress Toward a Sustainable Society, S. 193f.

272 Ebenda, S. 194f.

273 Ernst Ulrich von Weizsäcker/Amory und L. Hunter Lovins, FAKTOR VIER, S. 282f.

274 Gerhard Leminsky/Bernd Otto, Politik und Programmatik des Deutschen Gewerkschaftsbundes. Köln: Bund-Verlag, 1974, S. 108f.

275 Ebenda.

276 Betriebsverfassungsgesetz von Oktober 1952, Bundesgesetzblatt I, S. 681.

277 Betriebsverfassungsgesetz von Januar 1972, Bundesgesetzblatt I, S. 13.

278 Leminsky/Otto, Politik und Programmatik des Deutschen Gewerkschaftsbundes, S. 115f., S. 130–135.

279 Lord Bullock et alii, Report of the Committee of Inquiry on Industrial Democracy. London 1977, S. 128–132f.

280 Ebenda.

281 Ebenda.

282 Ebenda.

283 Ebenda.

284 George Benello/Dimitrios Roussopoulos, The Case for Participatory Democracy. New York: The Viking Press, 1976, S. 11–24, S. 195–213.

285 Vgl. ebenda, S. 11–24; Rifkin, The End of Work, S. 292; Krugman, Competitiveness: A Dangerous Obsession. In: FOREIGN AFFAIRS, Bd. 73, Nr. 2, März–April 1994, S. 36f.

286 They Own the Place. In: TIME, 13. Februar 1989, S. 32 f.; NEW YORK TIMES, 6. Februar 1989.

287 WALL STREET JOURNAL, 17. Januar 1997; They Own the Place. In: TIME, 13. Februar 1989, S. 32f.

288 WALL STREET JOURNAL, 17. Januar 1997; They Own the Place. In: TIME, 13. Februar 1989, S. 32f.

289 WALL STREET JOURNAL, 17. Januar 1997; They Own the Place. In: TIME, 13. Februar 1989, S. 32f.; NEW YORK TIMES, 6. Februar 1989.

290 WALL STREET JOURNAL, 17. Januar 1997; They Own the Place. In: TIME, 13. Februar 1989, S. 32f.

291 They Own the Place. In: TIME, 13. Februar 1989, S. 32f.

292 Ebenda.

293 Ebenda.

294 Christian Bay, Civil Disobedience as Prerequisite in Mass-Democracies. In: George Benello/Dimitrios Roussopoulos, The Case for Participatory Democracy, S. 250f.

295 Ebenda.

296 Ebenda.

297 Gene Sharp, Civil Disobedience in a Democracy. In: George Benello/Dimitrios Roussopoulos, The Case for Participatory Democracy, S. 317f.

298 Ebenda.

299 Vgl. Benello/Roussopoulos, The Case for Participatory Democracy, S. 195–213.

300 GREENPEACE MAGAZIN, I/1992, S. 21f.; Paper on Sustainable Growth. In: GLOBAL FORUM 92, SPIEGEL Spezial, S. 11–18.

301 Paper on Sustainable Growth. In: GLOBAL FORUM 92, SPIEGEL Spezial, S. 11–18, S. 24f.

302 SÜDDEUTSCHE ZEITUNG, 23. 10. 1997; Die Stunde der Lobbyisten. In: GREENPEACE MAGAZINE, 6/1997 , S. 23–26.

303 GLOBAL FORUM 92, SPIEGEL Spezial, S. 11–18; TAZ, 8. Juni 1992.

304 GLOBAL FORUM 92, SPIEGEL Spezial, S. 11–18; TAZ, 8. Juni 1992.

305 GLOBAL FORUM 92, SPIEGEL Spezial, S. 11–18; TAZ, 8. Juni 1992.

306 GLOBAL FORUM 92, SPIEGEL Spezial, S. 11–18, TAZ, 8. Juni 1992.

307 GLOBAL FORUM 92, SPIEGEL Spezial, S. 11–18.

308 Peter Wahl, Mythos und Realität internationaler Zivilgesellschaft. Zu den Perspektiven globaler Vernetzung von Nicht-Regierungs-Organisationen. In: Elmar Altvater u.a. (Hrsg.), Vernetzt und verstrickt. Nicht-Regierungs-Organisationen als gesellschaftliche Produktivkraft. Münster: Westfälisches Dampfboot, 1997, S. 293.

309 Ebenda, S. 277.

310 SÜDDEUTSCHE ZEITUNG, 23. Oktober 1997; FRANKFURTER RUNDSCHAU, 23. Oktober 1997; Die Stunde der Lobbyisten. In: GREENPEACE MAGAZIN, 6/1997, S. 23–26.

311 SÜDDEUTSCHE ZEITUNG, 23. Oktober 1997; FRANKFURTER RUNDSCHAU, 23. Oktober 1997; Die Stunde der Lobbyisten. In: GREENPEACE MAGAZIN, 6/1997, S. 23–26.

312 SÜDDEUTSCHE ZEITUNG, 23. Oktober 1997; FRANKFURTER RUNDSCHAU, 23. Oktober 1997; Die Stunde der Lobbyisten. In: GREENPEACE MAGAZIN, 6/1997, S. 23–26.

313 DPA-Meldung, 23. Oktober 1997; HAMBURGER MORGENPOST, 25. Oktober 1997.

314 Frankfurter Rundschau, 11. Dezember 1997; International Herald Tribune, 11. Dezember 1997.

315 Frankfurter Rundschau, 11. Dezember 1997; INTERNATIONAL HERALD TRIBUNE, 11. Dezember 1997.

316 Altvater u.a. (Hrsg.), Vernetzt und verstrickt, S. 268.

317 Vgl. ebenda, S. 267.

318 Ebenda, S. 293.

319 Ebenda.

320 Vgl. ebenda, S. 295 f.

321 Vgl. ebenda, S. 308.

322 Ebenda, S. 311 f.

323 Donella und Dennis Meadows/Jorgen Randers, Die neuen Grenzen des Wachstums, S. 250.

324 Zitiert nach ebenda.

325 Zitiert nach ebenda, S. 251.

326 Gorz, Kritik der ökonomischenVernunft, S. 324.

327 Vgl. Krugman, Competitiveness: A Dangerous Obsession. In: FOREIGN AFFAIRS, Bd. 73, Nr. 2, März–April 1994, S. 28–32.

328 Rifkin, The End of Work, S. 279 f.

329 Ebenda, S. 278.

330 GLOBAL FORUM 92, S. 11–18; Rifkin, The End of Work, S. 286.

331 Paul Kennedy, Preparing for the 21. Century. New York 1993, S. 189.

332 Ebenda.

333 UN-POPULATION CRISIS COMMITTEE 1989, S. 18 ff.

334 Rifkin, The End of Work, S. 290.

335 Ebenda.

336 Ebenda, S. 291.

337 Vgl. dazu SPEKTRUM DER WISSENSCHAFT, Mai 1993, S. 110–111; BIO ENGINEERING, I/1993, S. 6 f.; DER SPIEGEL, NR. 7, 1994, S. 158 f.

338 DER SPIEGEL, NR. 7, 1994, S. 158 f.; SPEKTRUM DER WISSENSCHAFT, Mai 1993, S. 110–111; GID 90/91, Dezember 1993, S. 9 f.

339 DER SPIEGEL, NR. 7, 1994, S. 158 f.

340 Ernst Ulrich von Weizsäcker/Amory und L. Hunter Lovins, FAKTOR VIER, S. 241, S. 258.

341 Beck, Die Blaue Blume der Moderne. In: DER SPIEGEL, NR. 33, 1991.

342 Rifkin, The End of Work, S. 291–293.

343 Jürgen Habermas, Die Neue Unübersichtlichkeit. Frankfurt/M.: Suhrkamp, 1985, S. 161 f.

344 Pierre Bourdieu, Kapitalismus als konservative Restauration. In: DIE ZEIT, 22. Januar 1998.

345 Beck, Kapitalismus ohne Arbeit. In: DER SPIEGEL, NR. 20, 1996.